Mary Mealyea

Wir hätten so gern ein Kind

Mary Mealyea

Wir hätten so gern ein Kind

Möglichkeiten, Grenzen
und seelische Konflikte

Erfahrungen einer
jungen Ärztin

Brunnen-Verlag · Basel und Gießen

ABCteam-Bücher erscheinen in folgenden Verlagen:
Aussaat- und Schriftenmissions-Verlag Neukirchen-Vluyn
R. Brockhaus Verlag Wuppertal
Brunnen Verlag Basel, Gießen (und Brunnquell Verlag)
Christliche Verlagsanstalt Konstanz
(und Friedrich Bahn Verlag / Sonnenweg Verlag)
Christliches Verlagshaus Stuttgart
(und Evangelischer Missionsverlag)
Oncken Verlag Wuppertal und Kassel

Titel der englischen Originalausgabe
„A Child – at any cost?"

1987 erschienen bei Kingsway Publications Ltd., Eastbourne

Übersetzung: Birgit Maier

Umschlagfoto: Petra Pönninghaus
Umschlag: Martin Künkler
Herstellung: Clausen & Bosse, Leck

ISBN 3-7655-2444-1

Inhalt

Für Harry

Zum Geleit

Es gibt eine bekannte Geschichte von drei Chinesen, die ich immer sehr anschaulich und hilfreich fand. Die drei zogen die Chinesische Mauer entlang. Der eine hieß „Tatsache", der andere „Glaube" und der dritte „Erfahrung". „Tatsache" ging voraus, dann folgte „Glaube", und den Schluß bildete „Erfahrung". Solange „Glaube" sich immer fest an seinem Vordermann „Tatsache" orientierte, ging alles gut. Sobald er sich aber umblickte, um nach „Erfahrung" zu sehen, fiel er von der Mauer.

Auch wir haben manchmal den Blick fest auf die Tatsache gerichtet, daß Gott uns liebt, und glauben von unserem Verstand her an seine Liebe und die Vollkommenheit und Richtigkeit seiner Pläne für unser Leben. Doch tief im Herzen fühlen wir nur Schmerz und rufen: „Herr, ich weiß ja, daß du mich liebst, aber manchmal spüre ich einfach nichts davon."

Ähnlich ergeht es uns mit unserer Kinderlosigkeit; wir wissen zwar, daß es sich nicht um die Strafe eines sadistischen Gottes handelt, aber manchmal schreit unser Herz trotzdem verzweifelt zu Gott: „Herr, was habe ich denn getan? Warum enthältst du mir diese kostbare Gabe vor? Warum segnest du mich nicht mit einem Kind?"

Kürzlich las ich ein Buch über große Gottesmänner unserer Tage. Gerade als ich zu dem Kapitel über James Packer kam, wurde ich unterbrochen, und es dauerte einige Tage, bis ich das Buch wieder in die Hand nehmen konnte. Während ich so nach der Stelle suchte, an der ich aufgehört hatte, ging mir die Frage durch den Kopf: „Warum sind solche Leute nie von Unfruchtbarkeit betroffen? Sie sind anscheinend alle mit großen, glücklichen Familien gesegnet."

Der erste Satz, auf den mein Blick gelenkt wurde, lautete: „Die Packers haben drei (adoptierte) Kinder."

Mir wurde plötzlich wieder klar, daß vor Gott kein Ansehen der Person gilt. Es ist keine Frage von gut und böse, begabt oder nicht begabt, Belohnung oder Strafe. Daß auch ein so begnadeter Gottesmann, der in so großem Segen wirken darf, der gleichen schmerzlichen Erfahrung ausgesetzt ist wie wir, tröstete mich und mahnte mich zur gleichen Zeit, nicht so oft dem Selbstmitleid nachzugeben. Ich wurde auch wieder an John Newton, einen bedeutenden Gottesmann, Pastor und Liederdichter des 18. Jahrhunderts erinnert, der sich mit seiner Frau so sehr nach Kindern sehnte, ohne daß Gott diese Bitte erhörte.

Es kann ein Trost sein, wenn wir feststellen, daß wir uns, wenigstens in bescheidenem Umfang, mit anderen identifizieren können, die Gott gesegnet hat und für andere in ihrem Dienst zum Segen werden ließ. Es kann für uns „gewöhnliche" Christen eine große Ermunterung sein, den Weg beharrlich weiterzugehen.

Während ich darüber nachdachte, kam mir der Gedanke, daß vielleicht auch ein paar Menschen, die in einer ähnlichen Lage waren wie wir, getröstet und ermutigt werden konnten, wenn ich sie Anteil an unserer Geschichte haben ließ.

Dr. Packer war so freundlich, ein paar einleitende Worte zu schreiben. Ihm und seiner Frau Kitty bin ich in Dankbarkeit verbunden.

Vorwort

Ein Missionsbischof erzählte mir einmal, wie seine Frau und er ihre Kinderlosigkeit gedeutet hatten: „Wir sahen uns dadurch von Gott dafür freigestellt, die ganze junge Kirche als unsere Familie anzunehmen.“ Diese Haltung erschien mir bemerkenswert und beispielhaft, denn am Anfang erlebt man Kinderlosigkeit als eine niederschmetternde Enttäuschung. Der Wunsch, dem Partner Kinder zu schenken und ihn glücklich zu machen, ist ein Bedürfnis, das tief in uns verwurzelt ist. Der Schmerz, den kinderlose Paare, und besonders die Frauen, erleiden, ist groß, wie uns ja schon die Bibel bezeugt.

Mary Mealyea geht diesem Problem in ehrlicher und realistischer Weise nach, wobei sie mutig auch den eigenen Kummer offen darlegt, um anderen eine Hilfe zu sein, bei denen sich ähnliches Leid angestaut hat. Meine Frau, die dasselbe durchgemacht hat, und eine Freundin, die jetzt mit diesem Problem fertig werden muß, haben das Buch gelesen und für gut befunden. Ihre Empfehlung sollte höher bewertet werden als die meine.

In dem Buch „Eine harte Gnade“ berichtet Sheldon Vanauken, wie C. S. Lewis ihn einmal dafür gerügt habe, daß er, wie einst Elkana, kein Gespür für das Leid hatte, in das die Kinderlosigkeit eine liebende Frau stürzen kann. Auch ich fühle mich nicht kompetent genug, um hier mitreden zu können. Ich gebe aber sehr gern die Meinung zweier Betroffener weiter, die sich ein Urteil erlauben können. Und da sie Ray Mealyeas Buch außerordentlich loben, schließe ich mich ihrer Meinung an.

J. I. Packer

Einleitung

„Schreib doch ein Buch darüber!" Ich hatte nicht im Traum daran gedacht, daß meine Frau meinen Vorschlag ernstnehmen würde. Wir hatten zum x-ten Mal in unserer zehnjährigen Ehe über ein Thema gesprochen, das Sorgen und Qual in unser Leben gebracht hatte – unsere Kinderlosigkeit. Während dieser Jahre hatten wir uns mit einer wahren Flut von Gefühlen auseinandersetzen müssen: Gefühlen der Unzulänglichkeit, des Versagens, des Unausgefülltseins, ganz abgesehen von jenen unbändigen mütterlichen Gefühlen und Instinkten, die ein ratloser Ehemann nur ansatzweise erahnen kann.

Wir hatten bald gemerkt, daß die Kinderlosigkeit zu den Themen gehört, die in christlichen Kreisen nur selten in der erforderlichen Sensibilität oder Offenheit zur Sprache kommen. Zu unserem Glück konnten wir unsere Not ein paar einfühlsamen und verständnisvollen Freunden anvertrauen, aber im großen und ganzen wird das Thema im Gespräch entweder gemieden oder in recht unsensibler Weise angegangen. Die Versuchung ist groß, sich in ein christliches Schneckenhaus zu verkriechen. Man will sich nicht herauslocken lassen, aus Angst, es könnten wunde Punkte berührt werden oder das Gefühl, eben doch nicht ganz normal zu sein, würde neue Nahrung erhalten. Die beiläufig dahingeworfenen Bemerkungen anderer irritierten uns zutiefst. Anfangs waren wir froh, unsere Akte geschlossen halten zu können.

Aber schon bald merkten wir, daß wir mit unserem Schweigen nur dazu beitrugen, das Thema noch mehr zu tabuisieren. Unsere Zurückhaltung trug wenig dazu bei, die Forderung nach dem notwendigen Verständnis und der erforderlichen Unterstützung zu unterstreichen. Dieses Buch ist Teil einer entschiedenen Bemühung, das Schneckenhaus zu verlassen und das Tabu zu brechen. Es ist nicht als spannende Lektüre für Neugierige gedacht, sondern will mehr Verständnis für ein heikles Thema wecken, das stärker ins öffentliche Bewußtsein gerückt werden muß. Ein solcher Versuch ist immer ein Wagnis, wie ein Balanceakt auf dem Drahtseil: Wieviel soll man preisgeben von sich selbst und der eigenen Ehe, wieviel vom eigenen Versagen und den eigenen Schwächen öffentlich ausbreiten? Ray kämpfte lange mit dem Gedanken, ob das Buch nicht unter einem Pseudonym erscheinen sollte. Damit hätte man sich die Angst erspart, die die Preisgabe privater Angelegenheiten gegenüber der Öffentlichkeit nun einmal mit sich bringt. Aber wir kamen dann zu der Überzeugung, daß wir dadurch nur zur Verfestigung eines Tabus beitragen würden, das wir ja eigentlich brechen wollten.

Dieses Buch ist nicht einfach der Erfahrungsbericht eines einzelnen kinderlosen Paares. Während der Jahre unserer Kinderlosigkeit hatten wir Gelegenheit, mit vielen anderen in ähnlichen Situationen zu sprechen. Wir bekamen Einblick in ihre Sorgen, teilten unsere Bestürzung angesichts des Unverständnisses, auf das wir stießen, ermutigten die, die unter dem wenig einfühlsamen und verständnisvollen Verhalten von Familie und Freunden litten, und versuchten die Ratlosen und tief Verwundeten zu trösten. Das Ergebnis dieser mühsamen Arbeit liegt nun in Form dieses Buches vor Ihnen. Wir hoffen und beten, daß es betroffenen Paaren zur Ermutigung und zum Trost dienen möge und daß in ihrem Freundeskreis mehr Verständnis und Einfühlungsvermögen heranwächst. Kinderlosigkeit ist kein Makel, das möchte dieses Buch zeigen, sondern eine Lebenssituation, in der Gott sich verherrlichen kann. Er kann auf dem Boden des Leides bei seinen Kindern kostbare Frucht wirken.

H. B. Mealyea

Erste Reaktionen

Ein paar einfache Worten genügten, um mich von einem Augenblick zum anderen in einen Strudel von Depression und Selbstmitleid hinabzureißen.

Mit einem Mal drängten sich die Fragen wieder ins Bewußtsein, denen ich sonst krampfhaft aus dem Weg ging. Und dann ertappte ich mich auch schon wieder bei dem vertrauten Gebet: „Warum, Herr? Warum können andere so problemlos Kinder haben? Warum klappt es bei ihnen so reibungslos? Wäre ich als Mutter eine solche Niete, daß du mir keine Kinder anvertrauen kannst? Himmlischer Vater, warum erhörst du mein Gebet nicht und schenkst mir das Kind, nach dem ich mich so sehne?“

Es waren ganz harmlose, alltägliche Worte, die diese Reaktionen in mir auslösten. „Weißt du schon das Neueste von Irene? Sie bekommt im April ein Kind! Es war schon immer ihr Wunsch, daß ihr Kind einmal im Frühling zur Welt kommen sollte. Ist das nicht phantastisch?“

Gewiß, es war eine gute Nachricht. Und doch schnitten mir solche Worte ins Herz, auch wenn ich nach außen hin das pflichtschuldige „Ja, das ist wirklich phantastisch!“ hervorzubringen versuchte. Ich meinte es auch ehrlich und hoffte, die anderen würden weder den Schmerz hinter meinem Lächeln entdecken noch die Tränen in meinen Augen sehen.

Wenn auch Sie zu den Frauen gehören, die unter ihrer ungewollten Kinderlosigkeit leiden, dann wissen Sie wahrscheinlich genau, wovon ich spreche. Vielleicht fühlen Sie sich ganz glücklich und zufrieden, vielleicht finden Sie, daß Sie ganz gut mit dieser Enttäuschung fertig werden – bis ein paar achtlos dahingesagte Worte Sie völlig aus dem Gleichgewicht bringen.

Ungefähr 15 % aller Ehepaare haben nach offiziellen Schätzungen auf die eine oder andere Weise mit Problemen der Unfruchtbarkeit zu kämpfen. Entsprechend überfüllt sind die Wartezimmer der genetischen Beratungsstellen oder „Kinderwunschsprechstunden" der großen Kliniken, bei denen kinderlose Paare ärztliche Hilfe suchen.

Statistischen Angaben zufolge gab es 1984 in Großbritannien ungefähr eine Million kinderlose Paare. In einer Veröffentlichung dazu heißt es:

„Für die Betroffenen stellt die Sterilität in der Regel eine traumatische Erfahrung dar. Sie ist keine Krankheit (im medizinischen Sinne), noch kann sie zum Tode führen. Es handelt sich vielmehr um eine unsichtbare, aber nichtsdestoweniger qualvolle Behinderung. Ehepaare fühlen sich in ihrer Rolle als Erzeuger, d. h. in ihrer Vollwertigkeit als Mann bzw. Frau, in Frage gestellt. Die Folge davon sind Gefühle von Unzulänglichkeit, von Schuld und Unglück" (Child Chat Newsletter, Juli – Sept. 1984).

Schmerz

Wie werden gläubige Paare mit einer solchen Erfahrung fertig?

Wie geht man mit all den Gefühlen um, die in einem hochkommen, wenn man sich der brutalen Erkenntnis stellen muß, daß man vielleicht niemals eigene Kinder haben wird? Soll man medizinische Hilfe in Anspruch nehmen, und wenn ja, wie lange? Und vor allem, wie weit kann man als Christ dabei gehen?

Wie kann man eine lebendige Glaubensbeziehung zu Gott aufrechterhalten, wenn tief drinnen Schmerz und Enttäuschung sich breitmachen? Wie kann man ein Ja dazu finden, daß auch hinter der Verweigerung des an sich doch natürlichen Kinderwunsches ein himmlischer Vater steht, der uns liebt und nur das Beste für uns will?

Wie lernt man, auch dann zufrieden zu sein, wenn sich große Hoffnungen und Träume zerschlagen? Kann man ohne Kinder überhaupt froh und erfüllt leben?

Ich begann 1970 mit meinem Medizinstudium. So lange ich denken konnte, hatte ich Ärztin werden wollen, und mein größter Wunsch war es, später aufs Missionsfeld zu gehen. Im Laufe meiner klinischen Ausbildung kam ich mit den meisten medizinischen Fachbereichen in Berührung und tat auf den betreffenden Stationen Dienst. Auf der gynäkologischen Abteilung gab es unter den Patientinnen einige Frauen, die wegen ihrer Sterilität behandelt wurden oder zu entsprechenden Untersuchungen gekommen waren. Ich hatte bereits in den Vorlesungen von dieser Problematik gehört und auch selbst darüber gelesen, aber ich hätte nicht im Traum gedacht, daß ich selbst eines Tages als „unfruchtbar" bezeichnet werden würde. Ob ich einmal heiraten würde, war damals noch nicht abzusehen, und ich hatte mich darauf eingestellt, eventuell auch allein leben zu müssen. Aber ich hatte Kinder gern, und falls ich heiraten sollte, das war klar, würde ich eine große, glückliche Familie haben.

Heute, nach über zehn Jahren Ehe (von denen ich mich sechs Jahre lang, mit kurzen Unterbrechungen, verschiedenen Untersuchungen und Behandlungen unterzogen und zwei Fehlgeburten erlitten habe), muß ich mich endgültig der Tatsache stellen, daß ich wahrscheinlich nie ein eigenes Kind haben werde.

Ich habe meine Unfruchtbarkeit als eine große Bürde empfunden. Im Rückblick erkenne ich allerdings, daß ich mir selbst viele unnötige Schmerzen zugefügt habe, weil ich oftmals nicht in der Lage war, mit meiner Situation in der rechten Weise umzugehen. Und doch durfte ich in diesen Jahren, trotz aller Schmerzen und Tränen, immer wieder erfahren, daß Gottes starker Arm mich hält. Ich durfte bei ihm Zuflucht finden, wenn der Schmerz unerträglich werden wollte. Er trug mich auf seinen Armen, wenn die eigene Kraft nicht mehr reichte. Er nahm mich bei der Hand und führte mich behutsam weiter, und nur so konnte ich den Weg gehen, den ich jetzt als seinen guten und vollkommenen Plan für mein Leben erkennen darf. Gewiß, ein Kind ist eine kostbare Gabe Gottes – aber rückblickend kann ich erkennen, daß Gott mich noch viel reicher beschenkt hat. Ich durfte ihm in diesen schweren Jahren viel näher kommen, und ich darf es erleben, wie er mich immer mehr umgestalten und Jesus ähnlicher machen will.

Gott hat mir geholfen, mit meinem Kummer fertig zu werden, und, so unglaublich es klingt, er hat mich fähig gemacht, selbst im Schmerz zur Freude durchzubrechen. Ich hoffe, daß meine Erfahrungen Ihnen Mut machen und Ihnen helfen, einige der Fehler, die ich gemacht habe, zu vermeiden. Und wenn Sie Kinder haben, dann kann mein Bericht bei Ihnen vielleicht doch ein wenig Verständnis wecken für die Frauen, die sich nach eigenen Kindern sehnen, aber keine bekommen können.

Fehlgeburt

Ich lernte Harry, einen Architekten, kennen, als ich noch an der Uni war. Wir verliebten uns ineinander. Und wir waren zutiefst erleichtert, als wir feststellten, daß wir beide den Wunsch hatten, aufs Missionsfeld zu gehen.

Natürlich wollten wir so bald wie möglich heiraten. Gleichzeitig hielten wir es jedoch für vorteilhafter, mindestens ein oder zwei Jahre Eheerfahrung zu sammeln, bevor wir uns einer völlig anderen Lebensweise in einem fremden Land aussetzten. Da wir vorhatten, sofort nach Beendigung meines Jahres als Assistenzärztin auszureisen, was mit dem Abschluß von Harrys dreijähriger Bibelschulausbildung zusammenfallen würde, heirateten wir ein Jahr vor meinem Abschlußexamen. Wenn ich meine Ausbildung beenden und meine Assistenzzeit absolvieren wollte, mußte ich Maßnahmen zur Empfängnisverhütung treffen. Ich nahm also die Pille (allerdings sehr widerwillig), vergaß sie aber oft, wahrscheinlich, weil ich in meinem tiefsten Inneren doch ein Kind wollte. Als ich dann soweit war, daß eine Schwangerschaft die Beendigung meiner Ausbildung nicht mehr gestört hätte, setzte ich die Pille ab.

Bevor ich die Pille genommen hatte, war meine Periode immer regelmäßig gewesen. Nach Absetzen der Pille hatte ich keinen regelmäßigen Zyklus mehr. Das war schon allein deshalb problematisch, weil ich jedesmal, wenn die Menstruation ausblieb oder auf sich warten ließ (und das kam häufig vor), fest davon überzeugt war, schwanger zu sein.

Fünf oder sechs Monate nach dem Absetzen der Pille blieb die

Blutung wieder aus. Ich machte einen Schwangerschaftstest – und zu meiner Überraschung und großen Freude war das Ergebnis positiv. Doch die Freude währte nicht lange. Drei Wochen später erlitt ich eine Fehlgeburt. Nachdem ich über die erste Enttäuschung hinweg war, tröstete ich mich damit, daß ich jetzt zumindest wußte, daß ich Kinder bekommen konnte. Als Ärztin war mir ohnehin bekannt, daß ein ziemlich hoher Prozentsatz der Erstschwangerschaften mit Fehlgeburten endet und daß die Mehrzahl dieser Frauen später Kinder voll austragen kann. Und da wir in den nächsten Monaten in den Iran ausreisen wollten, konnte ich mich durch die nötigen Reisevorbereitungen ablenken.

Zwei Jahre später konnten mir diese statistischen Fakten keinen Trost mehr geben. Wir hatten nun die ganze Zeit keinerlei Empfängnisverhütung betrieben, und trotzdem war ich nicht schwanger geworden. Allmählich begann ich mir Sorgen zu machen. Die Revolution im Iran hatte ihren Höhepunkt erreicht, und durch die Ankunft Chomeinis konnte unsere Arbeit nicht fortgesetzt werden. Wir mußten nach Schottland zurück.

Schließlich nahm ich meinen ganzen Mut zusammen und suchte einen Frauenarzt auf. Er leitete verschiedene Untersuchungen ein. Es wurde ein Abstrich gemacht, um festzustellen, ob meine Gebärmutterschleimhaut normal ausgebildet war. Dann wurde eine Eileiterdurchblasung durchgeführt. Bei dieser Untersuchung wird ein Luftstrom in die Eileiter geblasen und graphisch aufgezeichnet. Anhand der Graphik läßt sich ablesen, ob die Eileiter, in denen Ei- und Samenzelle sich begegnen, durchlässig sind.

Der Frauenarzt versicherte mir, daß alles in Ordnung sei. „Machen Sie sich keine Sorgen", beruhigte er mich, „das klappt sicher schon bald." Für mich war die Bestätigung wichtig, denn wie man weiß, kann gerade das krampfhafte Bemühen, schwanger zu werden, sich empfängnisverhütend auswirken. Der Menstruationszyklus wird über eine kleine Drüse am Ende des Hirnstamms, die sogenannte Hirnanhangsdrüse (Hypophyse) gesteuert, die verschiedene Hormone ausschüttet. Sie reagiert auf Streß sehr sensibel und kann sogar den Eisprung (die Abstoßung des herangereiften Eis) verhindern. Wenn ein übermäßiger

Druck und Erfolgszwang abgebaut sind, kann wieder ein Eisprung erfolgen und eine Schwangerschaft eintreten. Psychische Spannungen können auch zur Verkrampfung der Eileiter führen, die sich daraufhin verengen, für die männlichen Samenzellen undurchlässig werden und somit die Befruchtung des freigesetzten Eis unmöglich machen.

Begrenzte Horizonte

Von meiner medizinischen Ausbildung her waren mir diese Zusammenhänge natürlich alle bekannt. So bemühte ich mich, ruhig und gelassen zu bleiben und mich nicht unter Erfolgszwang zu setzen. Das war jedoch leichter gesagt als getan!

Vor allem die unregelmäßige Periode war in jener Zeit ein großes Problem. Heute sehe ich, daß mir Gott durch all das etwas Wichtiges zeigen wollte. Ich brauchte lange, um zu erkennen, daß der Horizont einer Frau, die ständig nur darauf fixiert ist, schwanger zu werden, sehr begrenzt ist. Sie lebt oft nur noch von einer Periode zur nächsten. Ihre ganze Welt beginnt sich darum zu drehen, wann die nächste Blutung einsetzt – oder vielmehr nicht einsetzt.

Auch ich war in diese Falle getappt. Wobei meine Situation noch dadurch verschlimmert wurde, daß sich meine Periode oft um Wochen verspätete und schließlich völlig unregelmäßig kam. Jedesmal, wenn der eigentliche Termin verstrich und nichts geschah, begannen die Hoffnungen zu wachsen.

Zwar versuchte ich immer, mich zur Vernunft zu ermahnen und mir zu sagen: „Nicht so voreilig – deine Periode verspätet sich oft." Doch eine andere Stimme in mir konterte: „Aber diesmal könnte es auch andere Gründe haben! Vielleicht bin ich doch schwanger."

Der Gedanke, ich könnte diesmal vielleicht wirklich schwanger sein, ließ mich dann, in Erinnerung an meine frühere Fehlgeburt, sofort kürzer treten. „Übernimm dich jetzt nur nicht", sagte ich mir und gönnte mir etwas mehr Ruhe als sonst. Und wenn die verspätete Periode dann doch einsetzte, war ich wie am Boden zerstört. Niedergeschlagenheit und Verzweiflung hielten jedoch nur ein paar Tage an, dann schöpfte ich wieder neue Hoffnung, wenn sich der nächste Zyklus aufbaute. „Vielleicht klappt es nächsten Monat", sprach ich mir Mut zu. Und so ging es Monat für Monat.

„Ich kenne keinen Schmerz, der so bedrückend und unter Umständen so verheerend in seinen Auswirkungen sein kann, wie der, den eine sterile Frau empfindet, keine menschliche Erfahrung, die einer Frau ein Leben lang Monat für Monat ihren Kummer immer wieder neu vor Augen führt. Den Kummer, den Verlust, den Traum, der unerfüllt blieb" (Ann Kiemel Anderson).

Langsam wurde mir bewußt, daß diese ungeklärte Situation schwerwiegende Auswirkungen auf mich hatte. Es muß bisweilen fast unerträglich gewesen sein, mit mir zusammenzuleben. Mein ganzes Leben kreiste nur noch um meinen Zyklus und die Sehnsucht nach einem Kind. Und dabei hatte ich Schuldgefühle, denn mir war klar, daß diese Art zu leben Gott nicht gefallen konnte.

Hormonschwankungen

Als mir klar wurde, daß ich ein Problem hatte und ich darüber nachzudenken begann, erkannte ich, daß ein Teil meiner Reaktionen und Stimmungen auf die hormonellen Veränderungen zurückzuführen war, die während des Zyklus im Körper einer Frau auftreten. Während der ersten Hälfte eines Zyklus steigt der Östrogen- und Progesteronspiegel an, fällt dann aber kurz vor Einsetzen der Periode auf einen niedrigeren Grundwert ab.

Untersuchungen haben nachgewiesen, daß viele Frauen um den Zeitraum ihrer Periode herum bei Führerscheinprüfungen, Examen oder Vorstellungsgesprächen nicht ihr übliches Leistungsniveau erreichen.

Viele Frauen leiden in unterschiedlichem Ausmaß an solchen prämenstruellen Spannungen, die inzwischen auch von der Medizin als „Prämenstruelles Syndrom" anerkannt sind. Manche sind in dieser Zeit besonders müde und abgespannt und psychisch weniger stabil als gewöhnlich. Bei anderen kann sich das

Syndrom in starker Erregbarkeit bis hin zu offener Aggressivität äußern. Wieder andere klagen über Wasseransammlungen im Gewebe oder andere körperliche Beschwerden (Unwohlsein kurz vor oder während der ersten Tage der Periode). Die genauen Ursachen all dieser Beschwerden sind noch nicht hinreichend geklärt, aber in einem bestimmten Umfang sind die Veränderungen im Hormonhaushalt mitverantwortlich. Was auch immer dahintersteckt, jedenfalls sind viele Frauen, z. T. bis zu zwölf Tage vor Einsetzen der Periode, in ihrem seelischen Gleichgewicht leicht zu erschüttern.

Für die Frau, die ein Kind bekommen möchte, fällt die Enttäuschung, doch nicht schwanger zu sein, zeitlich genau in jene Phase ihres Zyklus, in der sie ohnehin am verletzlichsten ist. Die verständliche Enttäuschung, gepaart mit der natürlichen psychischen Reaktion auf das Absinken des Hormonspiegels, kann sie in einen Zustand tiefster Verzweiflung versetzen.

Das Erkennen dieser Zusammenhänge war mir eine große Hilfe – besonders dabei, mit den Schuldgefühlen fertig zu werden, die immer wieder aufkamen, weil ich mich bei Beginn jeder Periode wie ein Häufchen Elend in der nächsten Ecke verkroch. Mit der Zeit gelang es meinem Mann und mir, mein Verhalten richtig einzuordnen, und wir konnten es gelegentlich auch von der heiteren Seite betrachten. Dann konnte es passieren, daß ich, unter Tränen der Enttäuschung, auch über meine „blöden" Hormone spötteln konnte.

Mensch sein

In diesem Stadium mußte ich lernen, mein Menschsein zu akzeptieren – mit all den natürlichen Vorgängen, die sich im Körper abspielen, und den Auswirkungen, die sie auf meine Stimmung haben. Ich war keine Superfrau. Ich mußte meine Gefühle annehmen und als das nehmen, was sie waren. Ich mußte zum Beispiel lernen, mir einzugestehen, daß ich enttäuscht war und daß meine Niedergeschlagenheit und Verstimmung zum Teil Ausdruck des prämenstruellen Syndroms waren. Es war anfangs nicht leicht, diese Gefühle zu akzeptieren, ohne mich gleich selbst dafür zu verurteilen und wie ein Versager zu fühlen. Bis mir dämmerte, daß diese Gefühle ja nicht von Dauer waren – die Traurigkeit würde in ein paar Tagen von selbst weichen.

Doch während ich so lernte, mit der monatlichen Enttäuschung besser umzugehen, beschlich mich allmählich auch das unangenehme Gefühl, daß ich es mir etwas zu leicht machte, wenn ich die ganze Schuld meinen Hormonen gab. Allzu schnell war ich bereit, jede Verstimmung, jede Wut oder Verärgerung damit zu entschuldigen. Ich merkte, daß ich jedesmal, wenn ich mit Harry aneinandergeriet oder wegen irgendeiner Kleinigkeit überempfindlich reagierte, wartete, bis ich mich wieder beruhigt hatte, und mich dann bei meinem leidgeprüften Mann mit den Worten entschuldigte: „Tut mir leid, aber ich kann nichts dafür. Meine Periode ist wohl fällig, und da spielen meine Hormone wieder verrückt."

Mein Mann machte mir dieses Problem nach einiger Zeit ganz behutsam bewußt, und Gott ließ mich spüren, daß er mir wieder etwas Wichtiges sagen wollte.

Gott wollte mir zeigen, daß mein Leben weder von den Reaktionen meines Körpers auf die normalen hormonellen Veränderungen noch von der darauffolgenden Enttäuschung beherrscht werden muß. Natürlich sollte ich beidem den ihm gebührenden Stellenwert einräumen. Aber das hieß noch lange nicht, daß sie mein Leben bestimmen mußten. „Natürlich kann Gott mich in den Griff bekommen, und er ist stärker als meine Hormone. Gott will ganz gewiß nicht, daß ich den Schwankungen meines Hormonspiegels ausgeliefert bin."

Zu diesem Zeitpunkt wußte ich allerdings noch nicht, daß mein Hormonhaushalt tatsächlich gestört war. Das machte alles noch schwieriger.

Ich begann, ganz gezielt wegen der Wirkung der Hormone zu beten. Ich bat Gott, mir zu helfen, mit meinen Stimmungen fertig zu werden. Jedesmal, wenn meine Periode bevorstand, bat ich ihn besonders inständig darum, mich mit seinem Frieden und seiner Liebe zu erfüllen. Mein Problem löste sich nicht über Nacht. Meine Periode blieb auch weiterhin unregelmäßig, von den Zeiten abgesehen, in denen ich fruchtbarkeitsfördernde Medikamente nahm. Aber Gott hat mir geholfen, besser mit den damit verbundenen seelischen Auswirkungen fertig zu werden, und er hat mir auch gezeigt, daß ich sie nicht als Entschuldigung für alle meine Launen benutzen kann.

Auch heute, nach vielen Jahren, macht sich mit jeder Periode noch tiefe Enttäuschung breit – auch wenn ich mittlerweile weiß, daß ich mit größter Wahrscheinlichkeit nie ein Kind haben werde. Doch kann ich jetzt mit dieser Enttäuschung leben und Gott bitten, mir ganz besonders nahe zu sein, bis sie vorüber ist.

Problemen ins Auge sehen

Meiner Erfahrung nach ist die Schlacht schon halb gewonnen, wenn man seine Probleme erkennt, ihnen ins Auge sieht und darüber betet. Denn Gott will ja, daß wir Christen aus den schmerzlichen Erfahrungen des Lebens lernen und an ihnen reifen. Und das gelingt nur, wenn wir uns ihm öffnen und uns durch seine Gnade beschenken lassen.

Nachdem ich diese grundlegenden Lektionen gelernt hatte, dachte ich in meiner Naivität, nun sei es geschafft. Nun sei ich darüber hinweg und könne mit dem Bewußtsein leben, wohl nie Kinder zu haben, wenn dies der Wille Gottes für mein Leben war. Nun könne ich alles hinter mich werfen und neue Schritte unternehmen.

Aber es dauerte nicht lange, bis ich wieder auf der Nase lag. Irgend etwas brachte mich völlig aus der Fassung – ich weiß nicht einmal mehr, was es war. Vielleicht hatte mir eine Freundin erzählt, daß sie ein Kind erwartete. Was auch immer der Auslöser war, ich fühlte mich jedenfalls wie eine Null, wie ein erbärmlicher Versager. Hatte ich etwa doch nicht gelernt, damit fertig zu werden, daß ich nicht schwanger werden konnte? Ich war doch zuvor der festen Überzeugung gewesen, darüber hinweg zu sein! Und jetzt kam wieder alles von neuem hoch.

Ich rappelte mich schließlich doch auf und versuchte, wieder Boden unter die Füße zu bekommen. „Herr“, betete ich, „diesmal akzeptiere ich meine Lage wirklich. Ich habe alles an dich abgegeben.“ Aber es dauerte nie lange, bis ich mich wieder im

Netzwerk meiner Verwundbarkeit verfing und erneut das Opfer der harmlosen Bemerkung einer Freundin wurde.

Ich weinte darüber und versuchte, meinem Mann mein Problem zu erklären: „Ich bin anscheinend unfähig zu begreifen, was Gott mir zeigen will. Ich hatte fest geglaubt, ein Ja zu Gottes Wegen für mein Leben gefunden zu haben und bereit zu sein, diesen Weg auch zu gehen. Und jetzt sitze ich wieder hier wie ein Häufchen Elend."

Mütterliche Gefühle

Diese Erfahrungen ließen mich langsam erkennen, daß die mütterlichen Instinkte einer Frau viel zu stark sind, als daß sie sich mit so banalen Tricks, wie ich sie angewandt hatte, einfach auslöschen lassen. Ich konnte sie nicht einfach unter den Teppich kehren und mir einreden, damit seien sie ein für allemal vom Tisch. Die Sehnsucht, selbst Mutter zu werden, war etwas, womit ich wohl würde leben müssen.

Die Filmschauspielerin Susan Hampshire berichtet aus ihrer eigenen Erfahrung:

„Der gewaltige natürliche Impuls, selbst ein Kind haben zu wollen, läßt sich nicht erklären. Man kann einer Frau hundert Gründe anführen, weshalb sie sich kein Kind wünschen oder kein weiteres mehr planen sollte – eine Frau, die fest entschlossen ist, ein Kind zu haben, wird sich durch kein noch so vernünftiges Argument davon abbringen lassen... Auch ich werde weiterhin alles versuchen, vielleicht bis zu meiner letzten Periode, bis ich weiß, daß es jetzt endgültig zu spät ist."

Ich ging sogar soweit, daß ich Gott bat, mir meine mütterlichen Instinkte zu nehmen, wenn es nicht in seinem Willen lag, mir ein Kind zu schenken – denn ohne diese Gefühle wäre das Leben leichter. Aber Gott erhörte diese Bitte nicht. Er hat mir dieses ganz natürliche Bedürfnis, das er, der Schöpfer, jedem weiblichen Wesen mitgegeben hat, nicht genommen.

Ich muß mich wohl darauf einstellen, daß ich diesen Kampf bis ans Ende meines gebärfähigen Alters weiterführen muß. Mit jeder Periode werde ich wieder neu an meine Unfähigkeit erinnert, ein Kind zu empfangen. Doch wirft es mich nicht mehr jedesmal um, auch wenn ich hin und wieder eine Schlacht in diesem Kampf verliere. Ich wachse dabei und erfahre mehr über mich. Ich entwickle mehr Verständnis für meine Schwächen und erkenne, wie sehr ich auf Gottes Hilfe angewiesen bin. Mit der Zeit gewinne ich immer mehr dieser Schlachten. Ich habe mittlerweile einen Blick für gewisse Situationen bekommen, in denen alte Wunden aufgerissen werden könnten, und ich gehe ihnen entweder aus dem Weg oder bete mich hindurch.

Ich erwarte auch nicht mehr von mir, mit jeder heiklen Situation zurechtzukommen.

Und ich rede mir nicht mehr länger ein: „Ich bin völlig darüber hinweg. Ich stehe jetzt wirklich darüber. Das Thema ist für mich erledigt. Ich werde nicht mehr darunter zu leiden haben."

Ich sage vielmehr: „Ich lerne täglich dazu, und mit Gottes Hilfe wird es mir leichter fallen, damit umzugehen." Jede Schlacht, die ich gewinne, gibt mir wieder neues Vertrauen, um den Weg weiterzugehen. Es ist immer noch ein Kampf, aber ich lerne, aus der Kraft Gottes zu leben. Und das hilft mir sehr.

Die Pfeile des Teufels

Der Teufel hat eine höllische Freude, wenn er Christen am Boden liegen oder durch innere Kämpfe gelähmt sieht. Allmählich kann ich einige seiner feurigen Pfeile erkennen, mit denen er mich zu verwunden sucht. Das können ein paar achtlos dahingesagte Worte sein, die mich tief treffen und verletzen. Das kann der Anblick einer glücklichen Mutter sein, auf die mein Blick im Vorübergehen fällt. Dann empfinde ich mit einem Mal die ganze Leere. Solche flüchtigen Eindrücke können meine ausgeglichene Stimmung von einem Augenblick zum anderen in Kummer und Verzweiflung verwandeln.

Ich denke, diese Dinge sind Teil der Munition, die der Teufel den Kindern Gottes gegenüber einsetzt. Was der Apostel Paulus uns Christen in Epheser 6,16 gebietet, ist mir eine große Hilfe: „Vor allem aber ergreifet den Schild des Glaubens, mit dem ihr alle feurigen Pfeile des Bösen auslöschen könnt..."

Wie aber geschieht das im praktischen Leben? Wie reagiere ich, wenn mich so ein Angriff aus heiterem Himmel trifft? Ich weiß, daß ich mir eine Strategie für solche Situationen zurechtlegen muß, denn diese Angriffe werden nicht von selbst aufhören. Und ich weiß auch, daß ich in einem Sumpf von Selbstmitleid versinke, wenn es mir nicht gelingt, solche Situationen zu meistern.

Bei solchen Angriffen fiel mir auf, daß der Teufel manchmal meine Gedanken auf ganz höhnische Weise in eine gefährliche Richtung lenkt: „Gott liebt dich nicht. Wenn er dich wirklich lieben würde und ihm wirklich etwas an dir läge, hätte er dir das Kind schon längst geschenkt. Es wäre für ihn eine Kleinigkeit, dir durch ein Wunder zu helfen, wenn eines nötig wäre. Was hindert ihn daran? Die einzige Erklärung ist, daß er dich nicht so sehr liebt wie andere Menschen." Und die Vorstellung, Gott liebe mich vielleicht überhaupt nicht, ist für mich noch schlimmer als die Kinderlosigkeit.

Wenn ich mir bewußt mache, daß solche Gedanken das Werk des Teufels sind, hilft mir das sehr. Denn dann kann ich davon ausgehen, daß sie nicht der Wahrheit entsprechen. Ich weiß, daß der Teufel ein Lügner ist. Dann ergreife ich den Schild des Glaubens (wie in Epheser 6 beschrieben) und halte mich an das, was ich als das wahre Wesen Gottes kenne. Ich rufe mir ins Gedächtnis, daß Gott mich liebt. Dabei muß ich mich nicht auf meine Gefühle verlassen, denn die Bibel bestätigt mir diese Tatsache klar und deutlich, und die Bibel ist das Wort der Wahrheit. Ich versuche mir im Rückblick auf bisherige Erfahrungen und auf Beweise der Liebe Gottes in meinem Leben ins Gedächtnis zu rufen, wie sehr Gott mich liebt. Wenn mir das gelingt, verziehen sich die dunklen Wolken der Verzweiflung.

Allerdings gelingt es nicht immer. Es kommt auch hin und wieder vor, daß ich die Schlingen des Teufels nicht erkenne. Dann schenke ich seinen Lügen Gehör und werde vom Selbstmitleid übermannt. Und dann weicht die Dunkelheit um mich herum (manchmal tagelang) nicht, bis Gottes Licht wieder durchbricht und er mir neu zuspricht, daß er mich wirklich liebt. Er versteht mein Leid, meinen Schmerz und meine bittere Enttäuschung.

In solchen kritischen Zeiten wird aber alles oft noch schlimmer, weil ich wegen dieser negativen Gedanken über Gott so starke Schuldgefühle bekomme, daß ich fast daran verzweifle.

Aber ich denke, auch diese Reaktion ist in Wahrheit eine Gegenoffensive Satans. Christen stehen auf geistlichem Gebiet in einem ständigen Kampf, und ihr Gegner hält sich an keine Spielregeln. Um Gottes Pläne mit uns zu vereiteln, begibt er sich, wenn nötig, auf das niedrigste Niveau. Ihn stört das nicht. Unsere Schwachstellen benutzt er in ganz besonderer Weise und scheut nicht davor zurück, seine Treffer auch unterhalb der Gürtellinie zu landen.

Die leicht verletzbaren Gefühle einer unfruchtbaren Frau sind eine gute Zielscheibe für seine Pfeile.

Zuflucht bei Gott

Wenn ich Gott gegenüber versage oder schuldig werde (was in diesem ständigen Kampf häufig vorkommt), versuche ich jetzt nicht mehr, meine Zeit und Kraft an Schuldgefühle zu verschwenden. Ich bitte Gott dafür um Vergebung, daß ich solchen Gedanken über ihn Raum gegen habe. Und dann danke ich ihm dafür, daß er mich wieder aufrichtet und so sehr liebt, daß er sich so tief zu mir herabbeugt, um meine Gedanken neu auf ihn und seine Gnade auszurichten.

Wenn ich das tue, finde ich wieder Ruhe und Frieden. Gott lehrt mich, mit dem Schmerz meiner Kinderlosigkeit umzugehen und zu erkennen, daß er sogar einen solchen Schmerz in etwas Kostbares verwandeln kann.

Wenn ich auf einer einsamen Insel säße, meilenweit von anderen Menschen entfernt, wäre das Leben vielleicht ein Kinderspiel. Aber so, wie es nun einmal ist, treffe ich täglich mit anderen Menschen zusammen, und die wenigsten spüren, wie sehr ein achtlos dahergesagter Satz verletzen kann. Ihre Worte können mich noch immer an meiner wunden Stelle treffen. Sterilität ist eines der wenigen Themen, die in unserer so aufgeschlossenen Welt noch tabu sind; und viele Menschen haben keine Ahnung, wie sehr die Betroffenen darunter leiden können.

Falsche Sorgen

Es gab eine Zeit, da schien mich jeder, mit dem ich zusammentraf, zu fragen: „Haben Sie schon Kinder?“ Und hinter diesen Worten witterte ich noch eine andere Frage: „Wenn nein – warum nicht?“ Dabei schwang dann die heimliche Aufforderung mit: „Meinen Sie nicht, daß es allmählich Zeit wäre, an eine Familie zu denken?“

Ohne uns jemals gefragt zu haben, schien jeder automatisch davon auszugehen, daß Harry und ich aus eigenem Entschluß kinderlos waren. Die Reaktionen der Leute reichten vom versteckten Vorwurf des Egoismus bis hin zu Anspielungen, wir hätten wohl nicht die nötige geistliche Reife, sonst wäre es uns als Christen klar, daß wir nach Gottes Willen Kinder haben sollten. Einige meinten auch, wir hätten es gut, da wir nicht durch eine Familie gebunden seien – wir könnten so dem Herrn mit unserer ganzen Kraft dienen. Und einmal deutete sogar jemand an, mir sei wohl meine Karriere als Ärztin wichtiger – Kinder würden dabei nur stören!

Mit der Zeit machten mir die Reaktionen einiger wohlmeinender Freunde und Bekannter schon zu schaffen; ihre unbedachten und taktlosen Bemerkungen trafen mich tief.

Minderwertigkeitsgefühle

Kürzlich las ich in einem Buch, daß Unfruchtbarkeit keine Sünde oder Schande sei. Trotzdem schämen sich kinderlose Paare oft oder haben Schuldgefühle. Sie stellen sich Fragen wie: „Haben wir etwas Unrechtes getan, daß uns jetzt keine Kinder geschenkt werden?" Viele von uns schämen sich insgeheim für ihr „Versagen". Und damit einher geht oft noch das Gefühl, kein „vollwertiger" Mann oder keine „richtige" Frau zu sein.

Rein vom Verstand her ist uns vielleicht völlig klar, daß Unfruchtbarkeit nichts ist, wofür man sich schämen muß. Aber unser Gefühl sagt etwas anderes. Aus eigener Erfahrung weiß ich, daß diese Gefühle durch die Haltung und Reaktionen gläubiger Freunde eher noch bestärkt werden. Ich kenne ein Paar, dem erklärt wurde, seine Kinderlosigkeit sei die Folge unbereinigter Sünde in ihrem Leben. Monatelang gingen die beiden in sich, um die verborgene Sünde aufzuspüren und Gottes Vergebung zu erlangen.

Ich mußte oft denken, daß ich glücklich und zufrieden leben könnte, wenn man mich in meiner kleinen Welt alleine ließe. Aber das ist ein Wunschtraum. Ich kann nicht in einem Vakuum leben. Ich lebe in einer realen Welt mit realen Problemen, und ich konnte den Realitäten, mit denen mich andere Menschen konfrontierten, nicht ausweichen. Ich konnte mich nicht von der Welt abschotten.

Werdende Mütter

Ein weiteres Problem ist für mich die Gegenwart werdender Mütter, die von nichts anderem als von ihrer Schwangerschaft reden. Sie schildern, welch ein wunderbares Gefühl es ist, wenn sich das Baby bewegt, sie unterhalten sich über die verschiedenen Entbindungsmethoden und die beste Säuglingsnahrung. Natürlich kann ich es verstehen, wenn eine werdende Mutter das Bedürfnis hat, über das bevorstehende große Ereignis zu sprechen. Aber manche bleiben dabei nicht stehen, sondern versuchen, mich dazu zu überreden, „es auch anzupacken". Ich wage dann nicht, laut zu sagen, was ich denke: „Als ob das so einfach wäre!" Ich glaube, die meisten Leute reden einfach so daher, ohne sich im geringsten zu überlegen: „Tue ich dieser Frau vielleicht mit meiner Bemerkung weh? Vielleicht hätte sie genau so gerne ein Kind wie ich und kann keines bekommen."

Leider unterscheiden sich meine gläubigen Freunde in dieser

Beziehung nicht allzusehr von den anderen. Auch sie äußern sich oft herzlos und unsensibel und gehen einfach von der Annahme aus, daß ich Kinder haben kann. Sie verstehen nicht in meinem Gesicht zu lesen oder aus meinen Reaktionen zu spüren, daß ihre Worte fehl am Platze sind.

Für Leute wie mich ist es dann am einfachsten, sich in die eigene, kleine Welt zurückzuziehen. Man versucht, allen werdenden Müttern oder Paaren mit Kindern aus dem Weg zu gehen. Aber wenn wir so reagieren, werden wir immer einsamer und isolierter, denn nach und nach fallen alle unsere Freunde in eine der Kategorien, die wir meiden müssen.

Das Problem ist nicht leicht zu lösen. Aber ich bin sicher, daß es keine Antwort ist, wenn man, wie ich, hohe Mauern errichtet, um sich gegen die anderen abzuschotten. Es wäre eine große Hilfe, wenn Christen und Nichtchristen sich des Problems der Sterilität stärker bewußt würden. Es wäre hilfreich, wenn sie etwas von dem Schmerz und der bitteren Enttäuschung wüßten, unter denen kinderlose Paare leiden, und darauf mehr Rücksicht nehmen würden. Vielleicht kann das aber erst gelingen, wenn kinderlose Paare das Tabu brechen und ihr Problem offen zur Sprache bringen. Vielleicht kann erst dann bei Freunden und Verwandten das nötige Mitgefühl und Verständnis wachsen.

Geständnisse

Mehrere Jahre lang sprach ich mit niemandem außer meinem Mann über meinen unerfüllten Kinderwunsch. Fragen wie: „Wann wollt ihr denn mal an eine Familie denken?" tat ich schnell ab. Niemand sollte wissen, daß ich mich nach einem Kind sehnte, aber wahrscheinlich keines bekommen konnte. Ich wollte dieses Geheimnis für mich behalten. Mir war lieber, wenn die anderen dachten, wir hätten uns gegen ein Kind entschieden. Dabei kam ich mir nicht ganz so erbärmlich vor. Wahrscheinlich hatte ich auch Angst, durch die Worte anderer verletzt zu werden, handelte es sich doch um ein Thema, das mir sehr zu Herzen ging. Deshalb tat ich nach außen hin so, als existiere dieses Problem überhaupt nicht.

Schließlich sah ich aber ein, daß ich in meinem eigenen Interesse aus diesem selbsterrichteten Gefängnis des Schweigens ausbrechen und ein oder zwei gute Freundinnen ins Vertrauen ziehen sollte. Ich konnte mich nicht länger von den anderen isolieren.

Den ersten Versuch machte ich bei Emily, mit der ich schon seit vielen Jahren befreundet war. Wir hatten einander schon gekannt, als wir beide noch unverheiratet waren, und hatten einander immer ins Vertrauen gezogen. Bei ihr, hoffte ich, würde ich Verständnis finden. So lud ich mich einfach bei ihr ein. Schon bald hatte ich mein ganzes Elend vor ihr ausgebreitet.

Doch auf ihre Reaktion war ich nicht gefaßt. Wie viele andere war auch Emily davon ausgegangen, daß unsere bisherige Kinderlosigkeit gewollt war und wir nur auf den „richtigen Zeitpunkt“ für unseren Nachwuchs warteten.

„Na, hör mal“, rief sie ganz spontan aus, „ihr seid doch noch jung, ihr habt doch noch jede Menge Zeit, um eine Familie zu gründen. Du hast dich da in etwas hineinverrannt – da wundert es mich nicht, daß es mit dem Schwangerwerden nicht klappt. Du mußt das alles lockerer nehmen, nicht so eng sehen, dann klappt es schon. Es bringt gar nichts, wenn du dir solche Sorgen machst. Und außerdem sollen wir als Christen uns ja um nichts sorgen. Mit deiner Einstellung bist du kein Zeugnis für andere.“

Auf dem Nachhauseweg schwirrten die Gedanken nur so in meinem Kopf herum. Immer wieder rief ich mir das Gespräch in Erinnerung. „Wie konnte Emily nur so verständnislos reagieren? Ich bin doch älter als sie, und sie hat immerhin schon zwei Kinder! Sie kann sich nicht in meine Lage hineinversetzen. Wer weiß, wie sie damit fertig werden würde. Das habe ich nun davon, daß ich mich jemandem anvertraut habe. Das war das erste und das letzte Mal!“ schwor ich mir. Ich war wütend und enttäuscht darüber, daß der Versuch, mich jemandem zu öffnen, mir nur noch mehr Leid beschert hatte.

Falsche Ängste

Als ich am Abend mit meinem Mann über den Vorfall sprach, erkannte ich, daß ich auf Emilys Worte überzogen reagiert hatte.

Und doch mußte in dem, was sie gesagt hatte, ein Körnchen Wahrheit stecken, sonst hätten mich ihre Worte nicht so gereizt und irritiert. Es waren die Sätze: „Christen sollen sich um nichts sorgen“ und „Mit dieser Haltung bist du kein Zeugnis für andere“, die mich getroffen hatten.

Ich gehöre wohl zu den Menschen, die sich zu viele Sorgen um Kleinigkeiten machen. Mein Mann ist genau das Gegenteil und läßt sich kaum einmal aus der Ruhe bringen. Obwohl mich das manchmal schon auf die Palme bringt, ergänzen wir einander recht gut und führen eine harmonische Ehe. Emilys Worte gaben mir einen Denkanstoß, der mir in vielen Bereichen meines Lebens als Christ, nicht nur beim Problem meiner Unfruchtbarkeit, sehr hilfreich war.

Ich begann, intensiv über Matthäus 6,25-34 nachzudenken, wo Jesus über den Sorgengeist spricht und uns auffordert: „Seid nicht besorgt um euer Leben...“

Dasselbe Wort für dieses unnötige Sorgen gebraucht er auch, als er Martha ermahnt: „Martha, Martha. Du bist besorgt und beunruhigt um viele Dinge...“ (Lukas 10,41). Sie hatte keine Zeit für ihren Gast. Sie war viel zu sehr in der Küche damit beschäftigt, daß der Ofen die richtige Temperatur hatte, der Hefeteig schön aufging und der Braten knusprig wurde. Und dabei entging ihr das Wichtigste, was sich an jenem Tag in ihrem Hause abspielte – der Dienst, den Jesus an ihr und Maria tun wollte.

Ich denke, es ist schon wichtig, zwischen berechtigten und unberechtigten Sorgen zu unterscheiden. Es wäre nicht richtig gewesen, wenn Martha sich nicht um das leibliche Wohl ihres Gastes gekümmert hätte. Aber sie war so mit der Bewirtung beschäftigt, daß sie völlig vergaß, wie wichtig es war, auch Zeit für ihren Gast zu haben. Ihre Sorgen und Mühen waren unnötig und sprengten jeden vernünftigen Rahmen.

In dem „Besorgtsein“, das Jesus tadelt, klingt etwas von einem „sich völlig von den Sorgen gefangennehmen lassen“ mit. Mir half es dabei, zu erkennen, wie sehr mich die Gedanken und Sorgen um meine Kinderlosigkeit beherrschten. Als Gott die Frau erschuf, gab er ihr das legitime und natürliche Bedürfnis nach eigenen Kindern mit. Es ist darum nicht falsch, wenn eine

Frau Mutter werden möchte. Allerdings können solche natürlichen Anliegen, wenn sie vom Mutterinstinkt noch angeheizt werden, bei jemandem wie mir so außer Kontrolle geraten, daß daraus eine Sorge wird, die das ganze Sinnen und Trachten bestimmt und von anderen wichtigen Dingen abhält.

In C. S. Lewis', „Dienstanweisung für einen Unterteufel" erhält ein Gehilfe Satans folgenden Rat, wie man einen Christen daran hindern kann, Gott wirkungsvoll zu dienen: „Nichts vermag das Herz eines Menschen gegen alle Bemühungen des Feindes so wirksam zu verrammeln wie Ungewißheit und Angst."

Ich habe festgestellt, daß dieses „Sorgen" mich so gefangennehmen kann, daß es mich von Jesus ablenkt. Es lähmt mich nicht nur, sondern macht es mir auch fast unmöglich, Gottes Stimme zu hören und seine Nähe wahrzunehmen. Ich kenne andere, denen es ähnlich erging; sie „verkümmerten" durch ihr Sorgen innerlich so sehr, daß sie nicht mehr in der Lage waren, Gottes Willen und Weg zu erkennen, und ihr Leben darum auch nicht mehr nach dem Plan Gottes führen konnten.

„Bin ich nur noch mit meinem Wunsch nach einem Kind beschäftigt?" so begann ich mich zu fragen und versuchte, eine ehrliche Antwort zu geben. Ich kannte andere Paare, die so von dem Wunsch nach einem Kind besessen waren, daß nichts anderes mehr zu ihnen vordringen konnte. Ich hatte mir geschworen, daß mir das nicht passieren würde. Aber war ich, ohne es zu bemerken, doch schon in dieses Stadium geraten? Oder stand ich kurz davor? Die Auseinandersetzung mit dieser Frage war hart, aber sehr hilfreich bei dem Bemühen, mir selbst gegenüber ehrlich zu sein.

Taktlosigkeit

Wenn jemand wie Emily mir leichthin den Rat gibt, „Mach dir doch deswegen keine Sorgen", dann zeugt das nicht nur von einem Mangel an Taktgefühl und Verständnis, sondern ist auch alles andere als hilfreich. Daß ich mir keine zu großen Sorgen machen sollte, weiß ich allein. Ich weiß auch, daß ich keine gute Reklame für den christlichen Glauben abgebe, wenn ich ständig angespannt und bekümmert aussehe. Aber ich brauchte wirklich einen Menschen, der mir helfen konnte, mit dieser Sorge umzugehen, die mich so belastete und niederdrückte; der mir mehr geben konnte als nur den Rat, etwas abzustellen, das sich nicht so einfach abstellen ließ.

Frauen, die problemlos schwanger werden und deren Muttertrieb befriedigt wurde, haben keine Vorstellung davon, mit welcher Intensität und Kraft dieses weibliche Grundbedürfnis nach Erfüllung drängt. Wie ich selbst feststellen mußte, ist die Grenze zwischen der natürlichen Beschäftigung mit diesen Gedanken und einem völligen Beherrschtwerden fließend.

Mit jedem Monat, der Tränen der Enttäuschung brachte, wuchsen Angst und Anspannung. Der Geschlechtsverkehr, einst ein wunderbarer und erregender Ausdruck der Liebe, wurde fast zu einem mechanischen Akt, der einzig und allein das Ziel verfolgte, ein Kind zu zeugen.

Wenn sich dann noch die Frage aufdrängt, welcher Partner für das Nichtzustandekommen einer Schwangerschaft verantwortlich ist, können Mißstimmung und Streit in eine einst harmonische und stabile Partnerschaft eindringen. Die Situation eskaliert so weit, daß am Ende das ganze Denken der Frau nur noch um ein Thema kreist: „Ich will ein Kind!" Und der Ehemann ist wütend und frustriert, weil er sein Möglichstes tut und nicht mehr weiß, wie er seine Frau trösten oder ihr helfen kann. Der natürliche Wunsch des Mannes nach Vaterschaft ist weitaus schwächer als der Mutterinstinkt der Frau.

Seit Tausenden von Jahren spielen sich solche Situationen ab. Schon im ersten Buch der Bibel heißt es: „Als Rahel sah, daß sie Jakob kein Kind gebar, beneidete sie ihre Schwester und sprach zu Jakob: ‚Schaffe mir Kinder, wenn nicht, so sterbe ich.' Jakob aber wurde sehr zornig auf Rahel und sprach: ‚Bin ich doch nicht Gott, der dir deines Leibes Frucht nicht geben will'" (1.Mose 30,1).

Ein zwanghafter Wunsch

Wenn sowohl der Mann als auch die Frau von dem Wunsch nach einem Kind besessen sind, fällt dieser Schatten auf alle Bereiche ihres Lebens. Oft stehen am Ende Verbitterung und Groll. Und das ist sicher nicht im Sinne Gottes. Denn Gott möchte nicht, daß seine Geschöpfe mit einem solchen Krebsgeschwür leben, das ihre Seele und Persönlichkeit langsam zersetzt.

Obwohl Emilys Worte mich verletzten und zornig machten, benutzte Gott sie dazu, mein Augenmerk auf etwas in meinem Innern zu richten, das außer Kontrolle zu geraten drohte. Emily verdanke ich es, daß ich meine Beziehung zu Harry überprüfte. Sie verhalf mir auch zu der Erkenntnis, daß sich niemand beim Anblick eines mit seinem Schicksal hadernden Paares zum Gott der Christen hingezogen fühlen würde. Wir sollen ja mit unserem Leben ein Zeugnis sein.

Während unseres Einsatzes im Iran empfahl die Kirche Harry, sich theologisch noch weiterzubilden. Nach unserer Rückkehr nach Schottland entschloß sich Harry darum zu einer zweijährigen Ausbildung an der Universität Glasgow. Wir hofften, daß sich danach die Situation im Iran wieder beruhigt haben würde und wir erneut ausreisen könnten. Während dieser zwei Jahre übernahm ich hin und wieder die Vertretung für einen Frauenarzt, fand die Arbeit aber wenig sinnvoll und verordnete mir zur Abwechslung einmal eine Pause als „Nur-Hausfrau".

Doch ich merkte bald, daß es mir nicht guttat, zuviel Zeit zu haben. Es gibt nichts Schlimmeres, als den ganzen Tag mit dem Staubtuch durchs Haus zu gehen, um nach dem letzten Staubkörnchen Ausschau zu halten, und dabei mit den Gedanken ständig um Babys zu kreisen und die Frage, warum ich keine Kinder bekommen konnte.

Ich beschloß darum, mir einen Ruck zu geben, eine Stelle zu suchen und doch wieder als Ärztin zu arbeiten. Dadurch erhielten meine Tage einen geregelten Ablauf, und ich fand wieder Interesse an anderen Dingen als der täglichen Hausarbeit und der alles überschattenden Unfähigkeit, schwanger zu werden. Dabei half mir die Beschäftigung mit den Problemen anderer sehr, meine eigenen zu vergessen.

Wenn es mir in dieser Zeit nicht gelungen wäre, eine Stelle zu finden, hätte ich mich vermutlich einer der freiwilligen Hilfsorganisationen angeschlossen, die immer um Hilfe froh sind.

Oder ich hätte mir irgendwelche kreativen Hobbys zugelegt, die viel Zeit in Anspruch nehmen und ablenken. Mir war klar, daß ich irgend etwas brauchte, um mich von dem unheilvollen Einfluß dieses ungesunden Sorgens abzulenken.

Trügerische Hoffnungen

In diesem Stadium merkte ich, daß wir noch in eine andere Falle getappt waren: Bei allen Überlegungen und Plänen wurde stets die Möglichkeit miteinkalkuliert, daß ich doch schwanger werden könnte. In der Praxis äußerte sich das dann so: „Wir sollten dieses Jahr vielleicht doch nicht so weit weg fahren – wenn ich bis dorthin schwanger wäre..." oder: „Ich warte lieber noch mit einem neuen Wintermantel – wenn ich schwanger werde, brauche ich ja einen, der weiter geschnitten ist." „Ob ich mich wirklich um den ausgeschriebenen Posten im Krankenhaus bewerben soll? Wenn ich schwanger werde, muß ich ihn ohnehin aufgeben." „Mich würde die Stelle ja reizen, aber ich kann mich nicht darum bewerben – wir wollen nämlich sobald wie möglich ein Kind. Und vielleicht klappt es ja bald."

Ich hatte begonnen, in einer Welt der Wunschträume und spekulativen Hoffnungen zu leben – „wenn..., vielleicht ja doch..." Die Zukunft war stets durch die vage Möglichkeit vernebelt, daß sich ja doch demnächst der erhoffte Nachwuchs einstellen würde. Ich mußte unbedingt aus dieser Welt der „Wenns" und „Vielleichts" aussteigen und wieder den realen Gegebenheiten ins Auge sehen. Was morgen vielleicht sein könnte, mußte ich dem morgigen Tag überlassen. Ich mußte mich an dem orientieren, was Jesus in Matthäus 6,34 lehrte: „So seid nun nicht besorgt um den morgigen Tag, denn der morgige Tag wird für sich selbst sorgen. Jeder Tag hat an seinem Übel genug." Diese Worte mußte ich nun beherzigen.

Mir wurde auch deutlich, daß es Zeiten gab, in denen ich leicht verletzbar war und darum bestimmten Situationen besser aus dem Weg ging. Ich mußte z. B. nicht jede Woche zu einem Frauenkreis gehen, zu dem viele Mütter kamen, die nur ein einziges Gesprächsthema hatten: ihre Kinder und deren schulische

Leistungen. Einige dieser Mütter waren völlig auf ihre Kinder fixiert, was sicher genau so ungesund war wie der mich beherrschende Wunsch nach einem Kind. Da ich mit ihnen nur wenig gemein hatte, nahm mich das Zusammensein immer ziemlich mit. Ich beschloß daher, wegzubleiben, bis ich mich dieser Konfrontation gewachsen fühlte.

Wie ist Gott?

Das beste Gegengewicht zur Sorge ist meiner Erfahrung nach das völlige Vertrauen auf Gott. Gott ist gut und liebt mich. Diese segensreiche Lektion durfte ich durch all das, was in meinem Leben geschah, lernen. Als ich mich von meiner Sorge hatte überwältigen lassen, hatte mein Gottesbild Schaden genommen. Ich hatte begonnen, aus meinen Erfahrungen Schlüsse über das Wesen Gottes zu ziehen. Langsam hatte in mir der Gedanke Raum gewonnen, der Gott, der mir Kinder versagte, sei kalt, gefühllos und grausam. Statt dessen mußte ich den umgekehrten Weg einschlagen. Das, was ich über das wahre Wesen und die Absichten Gottes wußte, sollte meine Erfahrung prägen. Ich weiß, daß Gott gut ist; ich weiß, daß Gott die Liebe ist. Ob ich das immer gefühlsmäßig nachvollziehen kann, ist nicht entscheidend; es kommt allein darauf an, daß seine Güte und Liebe in der Bibel klar bezeugt sind.

Mit anderen Worten, ich fragte mich: „Ist meine Kinderlosigkeit ein Zeichen, daß Gott mich nicht mehr liebt? Ist es fair von Gott, mir Kinder zu versagen, wo es viele Eltern gibt, die ihre Kinder überhaupt nicht wollten oder sie sogar mißhandeln? Weiß Gott überhaupt, was er da tut?"

Statt dessen sollte ich sagen: „Ich weiß, daß Gott gut ist und mich liebt. Ich weiß dies aufgrund des Zeugnisses der Bibel, und die Bibel ist Wahrheit. Und ich weiß es, weil ich in der Vergangenheit seine Güte erfahren habe. Daß ich nicht verstehen kann, weshalb Gott mir keine Kinder schenkt, ändert nichts an der Tatsache, daß er mich liebt. Auf diese Tatsache muß ich mich stellen, auch wenn, rein äußerlich betrachtet, eher das Gegenteil der Fall zu sein scheint. Gott hat mein Leben in der Hand, und er hat einen Plan für mich, der sich am Ende als vollkommen erweisen wird."

Mir wurde bewußt, daß die Vorstellungen über das Wesen der Liebe häufig recht verworren sind. Mir hat die Definition von C.S.Lewis sehr geholfen: „...Aber mit Liebe meinen die meisten von uns in diesem Zusammenhang soviel wie Gutherzigkeit... wir möchten nicht so sehr einen Vater im Himmel als vielmehr einen Großvater im Himmel – einen greisen Wohlmeiner, der es, wie man sagt, ‚gerne sieht, wenn die jungen Leute sich amüsieren', und dessen Plan für das Universum einfach darauf hinausläuft, daß am Abend eines jeden Tages gesagt werden kann: ‚Es war für alle wundervoll.'... Es gibt Gutherzigkeit in der Liebe; aber Liebe und Gutherzigkeit sind nicht dasselbe, und wenn Gutherzigkeit... von den andern Elementen der Liebe getrennt wird, schließt sie eine gewisse Indifferenz gegenüber ihrem Objekt ein... Gerade für Leute, an denen uns nichts liegt, erbitten wir Glück um jeden Preis... (Gott) hat uns niemals mit Verachtung gestraft. Er hat uns die unerträgliche Ehre erwiesen, uns zu lieben – in dem tiefsten, tragischsten, unerbittlichsten Sinn" (C. S. Lewis, Über den Schmerz).

Gerade das Beste ist gut genug

Wenn Gott Sie und mich liebt, dann begnügt er sich nicht damit, daß wir bloß glücklich sind. Er hält noch mehr für uns bereit – er möchte, daß wir Jesus ähnlicher werden, und dieser Entwicklungsprozeß ist mitunter mit Schmerz und Leid verbunden. Ich mußte es lernen, Gott wirklich ganz zu vertrauen und zu glauben, daß er mich führen und leiten würde. Dann würde die alles beherrschende und lähmende Sorge dem Bewußtsein Platz machen, daß Gott mein Leben in der Hand hat und ich nicht meinen Gefühlen ausgeliefert sein muß. Wenn es sein Wille war, war es ihm ein Leichtes, mir eigene Kinder zu schenken, und wenn nicht, würde er mich befähigen, auch kinderlos leben zu können, ohne bitter und haßerfüllt zu werden.

Wenn mein Glück und meine Zufriedenheit von meinen jeweiligen Lebensumständen abhängig sind, so erkannte ich, werde ich ständig enttäuscht und unzufrieden sein. Die Worte

Jesu waren mir Trost und Hilfe: „Dies habe ich zu euch gesagt, damit ihr Frieden habt. In der Welt habt ihr Drangsal; aber seid guten Mutes, ich habe die Welt überwunden" (Johannes 16,33).

Wo Friede wohnt

Wahren und dauerhaften Frieden finden wir nur bei Jesus. Niemand und nichts sonst kann uns solchen Frieden schenken. Mein Friede ist fest in Jesus verankert und in allem, was er am Kreuz für mich getan hat. Es hilft mir, wenn ich mir vor Augen halte, daß Jesus sich nie verändert – unsere Lebensumstände sind häufigen Wechseln unterworfen, und Jesus hat uns darauf hingewiesen, daß uns das Leben viel Unangenehmes bringen wird. Wenn aber unser innerer Friede und unsere Zuversicht in ihm gegründet sind, wird uns nichts dieses sichere Fundament rauben können. Wir werden uns wohl auf unseren Anteil an Sorgen und Leid einstellen müssen, Kummer und Schmerzen werden auch uns in diesem Leben nicht erspart bleiben, und Jesus selbst hatte mehr davon, als uns je erwartet. Aber wir werden nie den Boden unter den Füßen verlieren, wenn unser Friede in Jesus verankert ist. Ich bin gewiß, daß uns Gott durch Schmerz und Leiden verändern kann und daß er uns so Jesus immer ähnlicher macht. Und das ist ja eines der Hauptziele Gottes für seine Kinder.

Die Bibel verheißt uns in Römer 8,28 und 29: „Wir wissen aber, daß denen, die Gott lieben, alle Dinge zum Guten mitwirken, denen, die nach seinem Vorsatz berufen sind. Denn die er zuvor erkannt hat, die hat er auch vorher bestimmt, dem Bilde seines Sohnes gleichförmig zu sein..." Ich muß mir diese Verheißung immer wieder ins Gedächtnis rufen, denn der Teufel ist darauf bedacht, meinen Frieden zu rauben und zu zerstören. Wenn er mich soweit bringt, daß ich mich ablenken lasse (und das kann bis zu einem fast zwanghaften Kreisen um meine Sorgen gehen), dann ist mein Blick nicht länger mehr auf Jesus gerichtet, und ich handle mir eine Menge Probleme ein. Genau das passierte Martha im Neuen Testament. Sie war der Überzeugung, der Besuch Jesu bei ihr könne nur dann ein Erfolg sein, wenn sie ihm ein köstliches Mahl vorsetzte. Und das nahm sie so in Anspruch, daß ihr das Wichtigste entging. Der Tag war doch allein schon deshalb ein Erfolg, weil Jesus in ihr Haus gekommen war!

Auch ich lief manchmal Gefahr, die Gegenwart Jesu in meinem Leben aus den Augen zu verlieren, weil ich mich zu sehr von meinen Ängsten und Sorgen vereinnahmen ließ. Natürlich durfte ich meinen legitimen Kinderwunsch im Gebet vor Gott bringen, aber ich mußte Gott auch bitten, mich davor zu bewahren, daß dieser Wunsch mich zu sehr gefangennahm. Und dazu brauchte ich seine Hilfe – aus eigener Kraft konnte ich es nicht.

Beten – aber wie?

Der Versuch, mich bei Emily auszusprechen, hatte zweierlei bewirkt. Ich war zwar danach sehr verletzt, aber ich hatte auch gelernt, mich selbst und Gott besser zu verstehen. Allein schon deshalb hatte sich diese Erfahrung gelohnt.

Aber ich hatte immer noch das Bedürfnis, mich einmal richtig auszusprechen und einem anderen Menschen anzuvertrauen. Ich brauchte einen Christen, der mir half, Klarheit darüber zu gewinnen, wie es weitergehen sollte: Sollte ich einfach darauf vertrauen, daß Gott mir ein Kind schenken würde, wenn es sein Wille war, oder erwartete Gott vielleicht, daß ich selbst etwas dazu beitrug, mich einer Untersuchung und eventuell auch einer notwendigen Behandlung unterzog?

Ich erinnerte mich an eine andere Freundin, die ganz in der Nähe wohnte und bei der ich einfach so hereinschneien konnte, auch wenn sie gerade ihr Baby badete.

Sarah war der Prototyp einer Mutter. Im Gegensatz zu mir hatte sie nie Erfolg im Berufsleben angestrebt. Ein Heim und eine Familie, das war alles, was sie sich gewünscht hatte. Schon bald nach der Hochzeit kündigte sich Nachwuchs an, und ihre Schwangerschaft verlief reibungslos.

Ich hörte so geduldig wie möglich zu, während sie mir ununterbrochen von ihrem Baby erzählte, von den Fortschritten, die es machte, von seiner Ernährung und der neuen Tapete im Kinderzimmer. Mehrmals versuchte ich, mein Thema anzubringen, aber vergeblich. Fast hatte ich schon die Hoffnung aufgegeben, überhaupt noch zu Wort zu kommen, als Sarah ganz unvermittelt fragte: „Wann wollt ihr euch eigentlich Nachwuchs zulegen?" Ich ergriff die ersehnte Gelegenheit, hatte aber den Eindruck, daß sie nur mit einem Ohr zuhörte, während ich mein Herz ausschüttete.

Du mußt darum beten

„Nun, da gibt es nichts anderes, als dafür zu beten", riet mir Sarah ziemlich ungerührt. „Das Gebet hat bei Hanna funktioniert, warum sollte es bei dir nicht auch klappen? Leg alles in Gottes Hände."

Ihre Worte trafen mich wie Pfeilspitzen. Natürlich hatte ich gebetet. Sie hatte ja keine Ahnung, wie viele Stunden, Tage, Wochen und Monate ich im Gebet zugebracht hatte, um meine Sehnsucht nach einem Kind vor Gott auszubreiten. So schwieg ich still. Es hatte keinen Zweck, Sarah noch tiefer in meine Seele blicken zu lassen.

Kaum hatte Sarah mir diese 08/15-Antwort verpaßt, eine Antwort, wie sie viele Christen parat haben, so einfach, so wenig einfühlsam, so schablonenhaft, war sie schon wieder vollauf mit der Suche nach dem Babypuder (für besonders empfindliche Haut!) beschäftigt.

Nach diesem zweiten Versuch fühlte ich mich noch erbärmlicher. Beim ersten Mal war ich aufgebracht gewesen – jetzt war ich der Verzweiflung nahe. Sarah schien so wenig Verständnis und Mitgefühl zu besitzen. Ihr ganzes Leben drehte sich um ihr Baby, daneben schien nichts anderes mehr Platz zu haben.

Es war durchaus keine neue Erkenntnis für mich, daß Gott Hannas Gebet um ein Kind erhört hatte. Ich kannte die Kapitel aus dem ersten Buch Samuel fast auswendig.

In Kapitel 1 wird uns die bewegende Geschichte einer Frau berichtet (deren Mann neben ihr noch eine zweite Frau hatte), die sich nach Kindern sehnte, aber keine bekam. Ihre Not wurde noch dadurch verschlimmert, daß sie mitansehen mußte, wie ihr Mann seine Aufmerksamkeit den Söhnen und Töchtern der zweiten Frau schenkte.

Hanna war in großer innerer Not und betete. Wenn Gott ihr ein Kind schenken würde, so gelobte sie, würde sie dieses Kind „Jehova geben für alle Tage seines Lebens".

Der Herr kannte Hannas Not und verschloß seine Augen nicht davor. Er nutzte ihre traurige Situation, um ein Kind ins Leben zu rufen, das Hanna gerade zum richtigen Zeitpunkt zur Welt brachte – ein Kind, das für das Volk der Israeliten einmal von großer Bedeutung sein sollte.

Der Herr erhörte Hannas Gebet, und so wurde Samuel geboren.

Ich hatte die Geschichte schon unzählige Male gelesen, ebenso wie auch andere Bibelstellen, die eine Verheißung von Nachkommen zu enthalten schienen. Kinder, so gewann ich den Eindruck, waren eine Belohnung Gottes für sein Volk. Viele Frauen, von denen die Bibel berichtet, waren unfruchtbar, bis der Herr ihre Gebete erhörte und „ihren Leib öffnete" und ihnen Kinder schenkte. Was war also bei mir nicht in Ordnung? Warum erhörte Gott meine Gebete nicht?

Einer kinderlosen Frau den Rat zu geben, über ihrem Problem zu beten, ist völlig überflüssig. Alle meine gläubigen Freundinnen und Bekannten, die dasselbe Problem haben, beten sehr intensiv. Sie beten ohne Unterlaß.

Wie soll ich beten?

Die Frage lautete eher: „Wie soll ich beten? Und wie stelle ich mir Gottes Antwort vor? Kann ich ein ‚Nein' wirklich akzeptieren?"

„Wenn Gott meine Gebete nicht so erhört, wie ich es mir vorstelle, liegt es dann daran, daß mein Glaube nicht groß genug ist? Ist das mein eigentliches Problem? Vielleicht glaube ich nur nicht genug?"

„Oder stimmt irgend etwas in meinem Leben als Christ nicht, daß Gott mir die Gabe eines Kindes verwehrt?" Solche Fragen gingen mir ständig durch den Sinn.

Wer einer unfruchtbaren Frau den Rat gibt, sich an Hanna ein Beispiel zu nehmen, kann ihren Kummer noch vergrößern. Manche weisen völlig unbedacht darauf hin, daß es bei Hanna ja „funktioniert" habe, so, als liefe beim Gebet alles nach Schema F ab. Du mußt es nur genauso machen, dann wird es schon klappen. Wenn man sie so hört, könnte man meinen, es gehe beim Gebet nach dem Prinzip von Ursache und Wirkung; das Gebet als Garantie für ein Baby. Für mich warf das tiefgreifende Fragen auf: Sollte ich Gott gegenübertreten wie einem himmlischen Automaten? Einfach das richtige Gebet eingeben, es in der entsprechenden Form vorbringen, den richtigen Knopf drücken, die Arme öffnen – und das Baby, das der Automat auswirft, auffangen? Solche Gedanken verursachen nur Verwirrung, größere Qualen und Schmerz.

Durch Sarahs Worte kam auch in mir wieder die alte Verunsicherung hoch. Versagte ich irgendwo? Betete ich zu wenig, oder war mein Glaube nicht stark genug? Kann ich von Gott alles erwarten, wenn ich meine Bitte nur vernünftig und mit genügend Glauben vorbringe?

Als ich von Sarah nach Hause kam, ließ ich mich in den nächsten Sessel fallen und schüttete Gott unter Tränen mein Herz aus: „Herr, warum muß ich das alles durchmachen?"

Gottes Antwort: Liebe

Gottes behutsame und liebevolle Antwort auf meine Tränen schien zu lauten: „Mein Kind, ich möchte etwas ganz Besonderes in dir wirken. Durch all diesen Kummer und Schmerz sollst du lernen, Jesus ähnlicher zu werden. Ich möchte dich auf diese Weise näher zu mir ziehen."

Bibelworte kamen mir in den Sinn, die mir Trost und Gewißheit gaben: „‚Es sollen wohl Berge weichen und Hügel hinfallen, aber meine Gnade soll nicht von dir weichen, und der Bund meines Friedens soll nicht hinfallen',spricht der Herr, dein Erbarmer" (Jesaja 54,10).

„‚Denn meine Gedanken sind nicht eure Gedanken, und eure Wege sind nicht meine Wege', spricht der Herr, ‚sondern so viel der Himmel höher ist als die Erde, so sind auch meine Wege höher als eure Wege und meine Gedanken höher als eure Gedanken... Denn ihr sollt in Frieden ausziehen und im Frieden geleitet werden. Berge und Hügel sollen vor euch her frohlocken mit Jauchzen und alle Bäume auf dem Feld in die Hände klatschen. Es sollen Zypressen statt Dornen wachsen und Myrten statt Nesseln'" (Jesaja 55,8-13).

Was wollte Gott mich also lehren? Vielleicht war es nötig, diesen Fragen systematisch nachzugehen. Wenn ich die Antwort Gottes auf diese Probleme finden konnte, würden sie mich vielleicht nicht mehr belasten.

So begann ich also erneut, Hannas Geschichte zu studieren und darüber nachzudenken, in welche Fallen ich in der Vergangenheit getappt war. Da hieß es z. B. „Sie war von Herzen betrübt und betete zum Herrn und weinte sehr". Ich hatte bislang so argumentiert, daß Gott Hannas Gebet wahrscheinlich deshalb erhörte, weil er sah, wie sehr sie litt. Es konnte ihm nicht entgehen, wie sehr sie sich nach einem Kind sehnte. Und ich überlegte, ob ich es Gott gegenüber vielleicht nicht überzeugend genug zum Ausdruck brachte, wie verzweifelt auch ich mir ein Kind wünschte, und er mir deshalb keines schenkte. Ich hatte gefährlichen Boden betreten! Tief im Innern wußte ich genau, daß kein noch so großes Maß an Leid Gott ein Kind „abkaufen" konnte. Es würde der Natur der göttlichen Liebe widersprechen, mich so zu behandeln. Mit solchen wenig hilfreichen Gedanken ziehen wir den allmächtigen Schöpfer auf unsere Ebene herunter, anstatt uns ihm zu nähern.

Ein Kind ist eine Gabe, die Gott aus freien Stücken, aus Gnade, schenkt. Und es ist ausgeschlossen, daß er sie nur deshalb zurückhält, weil ich vielleicht meine Sehnsucht nicht eindrücklich genug darzustellen vermag.

Ich durfte wieder neu erkennen, daß Gott immer liebevoll und barmherzig mit uns umgeht. Ich muß mit meiner Not bei ihm nicht Eindruck schinden, denn er kennt ja die Tiefen meiner Seele. Er versteht mich, ohne daß ich meine Not vor ihm herausschreien muß.

Die falsche Formel

Wenn es darum geht, Gott um etwas ganz Bestimmtes zu bitten, bekommt man, je nachdem, wen man fragt, die unterschiedlichsten Ratschläge. Manche betonen, es komme auf den Glauben an. „Wenn du bittest, muß es ‚im Glauben' geschehen." Das läuft dann so ab: Man betet und glaubt, daß Gott das Gebet bereits erhört und die Bitte gewährt hat. Und danach dankt man ihm im voraus für das, was man im Glauben schon empfangen hat.

Das Schema klingt einfach, aber funktioniert es auch? Soll das Gebet überhaupt so funktionieren?

Während ich mich also mit dem „Beten im Glauben" herumschlug, wurde mir deutlich, daß ich oft einen anderen Fehler beging, daß ich nämlich meine Hoffnung eher auf mein Gebet als auf Gott setzte. Doch nicht unser Gebet ist der Gegenstand unseres Glaubens, sondern Gott selbst, und er liebt mich und will mir Gutes erweisen. Darum möchte ich auf keinen Fall etwas für mich erbitten, von dem ich nicht sicher weiß, daß es dem Willen Gottes entspricht.

Wir können nur dann fest glauben, daß Gott unsere Bitte erhört, wenn wir sicher sind, daß das, worum wir bitten, in Einklang mit seinem Willen für unser Leben steht.

Es ist sehr leicht – und auch verhängnisvoll – Bibelworte aus dem Zusammenhang herauszureißen und falsche Schlüsse daraus zu ziehen, vor allem bei Versen wie etwa diesem: „Wenn ihr den Vater in meinem Namen um etwas bittet, wird er's euch geben" (Johannes 16,23). Daraus könnte man folgern, es genüge, an jedes Gebet die magische Schlußformel „im Namen Jesu" anzuhängen, um den gewünschten Erfolg zu erzielen. Angenommen, ich wünsche mir einen Rolls Royce. Kann ich wirklich „im Namen Jesu" darum bitten und davon ausgehen, automatisch einen zu bekommen? Dagegen könnte man einwenden, es sei sicher nicht Gottes Wille, daß ich eine Luxuslimousine besitze. Und außerdem wäre eine solche Bitte auch sehr egoistisch. Es ist also verständlich, wenn ein solches Gebet nicht erhört wird.

Aber der Wunsch nach einem Kind ist doch etwas anderes. Hat nicht Gott selbst diese Sehnsucht in unser Herz gelegt? Und in der Bibel wird es ja deutlich, daß nach der göttlichen Ordnung in eine Ehe auch Kinder gehören. Sollte ich da nicht im Glauben ein Kind von Gott erbitten?

Als ich mich so einem Anflug von Selbstmitleid hingab, kam mir auf einmal eine gute Freundin aus meiner Studienzeit in den Sinn, die noch immer unverheiratet war und sich so sehr nach einem Lebensgefährten sehnte. Nach der göttlichen Ordnung ist es normal, daß die Menschen heiraten – und trotzdem bleiben manche allein. Ähnlich verhält es sich wohl auch mit den Ehen – es gibt Ehepaare, die nach dem Willen Gottes kinderlos bleiben. Nirgends in der Bibel finden wir, daß jedes Paar, das um ein Kind bittet, automatisch eines erhält. Es gibt viele andere Dinge, die ich für mich im Glauben erbitten konnte und gewiß auch empfangen würde, Dinge, die uns die Bibel fest zusagt – z. B. eine zunehmende Erkenntnis des Herrn, das Wachsen in der Geduld und der Liebe und noch vieles mehr – nur ein Kind war nicht darunter.

Zum Scheitern verurteilt

Beim Nachdenken über Hanna fiel mir neu auf, daß sie versprach, ihr Kind dem Herrn zurückzugeben. „Ob es vielleicht daran liegt?“ überlegte ich. „Ich muß Gott irgend etwas Kostbares als Gegenleistung für das Kind geben. Vielleicht erhört er mich, wenn ich verspreche, ihm das Kind zu weihen – es könnte dann ja einmal in seinen Dienst treten – als Pfarrer oder Missionar.“

Ich versprach also Gott, mein Kind genauso zu erziehen, wie es seinem Willen entsprach. Ich würde es auch loslassen und für den vollzeitlichen Dienst freigeben, wenn das Gottes Wille sein sollte. Alles konnte er von mir haben, wenn er mir nur ein Kind schenkte.

Natürlich war diese Taktik zum Scheitern verurteilt. Ich hatte das Gebet in die Nähe der Bestechung gerückt. Ich machte Gott ein Angebot: „Du schenkst mir ein Kind und bekommst dafür einen Diener zurück.“ Aber so läßt Gott nicht mit sich handeln. Der Wille Gottes läßt sich durch kein noch so verlockendes Angebot beeinflussen.

Wie oft hatte ich mir auch gesagt: „Du mußt nur hartnäckig genug sein“, und dabei an das Gleichnis von der Witwe gedacht, die sich nicht abweisen ließ und an den zudringlichen Freund, der des Nachts seinen Gefährten um Brot bat (Lukas 11,5-13). Doch ich mußte herausfinden, ob wir daraus wirklich schließen können, daß Gott unsere Bitten erhört, wenn wir ihm nur hartnäckig genug in den Ohren liegen. Wenn ich dies auf mein Beispiel vom Rolls Royce zu übertragen versuchte, kam ich bald zu der Erkenntnis, daß Gott einen so törichten Wunsch sicher unter keinen Umständen erfüllt, ganz unabhängig davon, wie lange und intensiv ich darum bete. Wer so etwas für möglich hält, interpretiert in diese Bibelstellen Dinge hinein, die nicht beabsichtigt sind.

Selbst Jesus wurde einmal eine Bitte von seinem Vater nicht gewährt, damals in Gethsemane, als er „bis an den Tod betrübt war" angesichts des Kreuzes, an das er geschlagen werden und an dem er die Sünde der Welt tragen sollte. Das bedeutete Trennung von seinem Vater. Die menschliche Seite seines Wesens bat dreimal, der Kelch möge an ihm vorübergehen, wenn es möglich sei. Aber Gott ersparte ihm den bitteren Kelch nicht. Statt dessen gab er Jesus die Kraft, ihn auszutrinken: „Es erschien ein Engel vom Himmel und stärkte ihn." Jesu Bitte wurde also nicht gewährt, aber sein Vater machte ihn fähig, den Weg zu gehen, der ihm vorher unmöglich erschienen war.

Können wir aus Hannas Geschichte eine Handlungsanweisung ableiten, etwa: „Der Weg zum Mutterglück – eine Anleitung"? Nirgendwo wird ausdrücklich ein Zusammenhang zwischen ihrem Gelübde und dem Kind, das sie bald darauf empfing, hergestellt. Es heißt nur: „Der Herr dachte an Hanna und sie ward schwanger."

Ich mußte mir wieder neu bewußt machen, daß Gott aus Liebe schenkt, nicht, weil ich vielleicht irgendwann einmal etwas für ihn getan habe. Ich kann mir die größte Mühe geben, nach dem Willen Gottes zu leben, Einfluß auf die Liebe, mit der er mich überschüttet, hat das nicht. Gott wird mir ein Kind nicht als Belohnung für fromme Leistungen schenken – so einfach funktioniert das nicht!

Und was kann ich ihm überhaupt geben, das ihm nicht schon ohnehin gehört? Ich habe nur eines anzubieten: die freie Verfügung über mein Leben.

Gedanken der Gnade

Die Bibel verspricht an keiner Stelle jedem Kinder, der Gott nur darum bittet. Hannas Erfahrung ist nicht auf alle übertragbar.

Aber es gibt nicht nur Hanna. Wir lesen noch von weiteren unfruchtbare Frauen, die zu Gott flehten und erhört wurden – Sarah, Rebekka, Rahel, Samsons Mutter und Elisabeth. In allen diesen Fällen griff Gott auf das Gebet der Frauen hin ein. Doch ich begann allmählich, die Zusammenhänge klarer zu sehen. Bei jedem dieser Fälle fiel mir auf, daß das Kind, das daraufhin empfangen wurde, eine ganz besondere Rolle bei der Erfüllung von Gottes Heilsplan spielen sollte.

Es ging nicht darum, zu demonstrieren, daß Gott denen Kinder schenkt, die ihn in der rechten Weise darum bitten, sondern es ging um die wunderbare Art, in der er eine so notvolle Situation dazu benutzt, um sein Gnadenwerk voranzutreiben. In jeder einzelnen dieser schwierigen Situationen rief Gott die Männer ins Leben, die er für wichtige, große Aufgaben in seinem Dienst gebrauchen wollte. Bestimmt gab es damals auch Frauen, die Gott inständig um ein Kind anflehten und ein „Nein“ als Antwort erhielten.

Der allmächtige Gott läßt sich ebensowenig in ein festes Handlungsschema pressen, wie die Verwendung der richtigen „Zauberformel“ automatisch Erfolg garantiert. Gott hört und beantwortet alle unsere Gebete, doch manchmal lautet seine Antwort „nein“ oder „noch nicht“.

Hat das Gebet dann überhaupt einen Sinn? Tut Gott nicht einfach das, was er sich vorgenommen hat, ganz egal, wie wir uns verhalten, ob wir intensiv, beharrlich und beständig beten oder unsere Not unter Tränen und Schmerzen vor ihn bringen? Nein, die Bibel fordert uns eindringlich zum Gebet auf, und wir dürfen darüber staunen, wie Gott in seiner Gnade auch durch unsere Gebete wirkt. Die Schrift ermutigt uns, unsere Anliegen im Gebet vor ihn zu bringen.

Gebet ist Gemeinschaft mit Gott

Ich begann zu lernen, daß Beten mehr bedeutet, als unsere Nöte und Anliegen vor Gott zu bringen. In erster Linie ist das Gebet ein Gespräch, ein Sich-Austauschen mit Gott selbst. Es ist kein himmlischer „Bestellservice", auch wenn viele so damit umgehen und nur dann beten, wenn sie etwas wollen. Hier mußte ich auf der Hut sein. Was stand im Mittelpunkt meiner Gebete – das Kind oder Gott? Hatte ich das Gebet erst dann als letzten Ausweg entdeckt, als mein Kinderwunsch so dringlich wurde? Wenn ja, dann hatte ich den Sinn des Betens nicht erfaßt. Im Gebet darf ich vor einen liebenden Vater treten, ihm alles sagen, was mein Herz bewegt, und seinen Willen, seine Hilfe und seine Antwort suchen.

Es kostete mich einiges an Mühe und Nachdenken, bis ich Klarheit darüber hatte, welche Rolle das Gebet in meiner Lage spielen sollte. Meine Freundin Sarah hatte mich aufgefordert, „darüber zu beten". Sie hatte mir nicht gesagt, wie ich beten sollte. Und ich hatte gelernt, daß Beten aus weitaus mehr besteht als meine bisherigen Versuche, Gott zu überreden, mir meinen Wunsch zu erfüllen.

Ich lernte noch einen weiteren Aspekt des Gebets kennen: In der engen Gemeinschaft mit Gott konnte ich alles, was mich verletzte, abgeben, bevor es sich in meiner Seele einnistete und in Bitterkeit und Groll verwandelte. Ich durfte erfahren, daß Gott meine Gefühle registrierte und ernst nahm. Er liebt mich und will, daß ich ihm mein Herz ausschütte.

Ich mußte aber auch feststellen, daß ich sehr oft für die falschen Dinge betete. Ich mußte lernen, dort, wo Gott „nein" zu sagen schien, dieses „Nein" auch zu akzeptieren, anstatt zu versuchen, ihn zu bestechen oder zu überreden (als ob ich das überhaupt könnte).

Ich mußte dahin kommen, beten zu können: „Herr, du kennst den Grund meiner Seele. Du weißt, wonach ich mich zutiefst sehne. Wenn du ‚nein' sagst oder ‚noch nicht', dann hilf mir bitte, mit dieser Antwort fertig zu werden. Hilf mir auch, das zu lernen, was du mich in all dem lehren willst. Schenk mir die Gnade, deinen Willen zu akzeptieren, besonders da, wo ich ihn nicht verstehe. Zeige mir, wie auch ohne Kinder mein Leben reich und erfüllt sein kann. Bitte, hilf mir. Ich weiß, daß ich sehr viel von dir erbitte und daß ich deine Hilfe brauche."

„Ja" zu Gottes Willen

Mit mir geschah etwas. Ich lernte ganz allmählich, mich immer mehr unter die Herrschaft Jesu zu stellen. Und mit der Unterordnung unter den Willen Gottes wuchs die Bereitschaft, meine Situation anzunehmen. Statt des entschlossenen „Ich möchte aber, daß meine Wünsche erfüllt werden", gelangte ich allmählich zu einem „Herr, nicht wie ich will, sondern wie du willst". Als Jesus im Garten Gethsemane bat, der Kelch möge an ihm vorübergehen, fügte er hinzu: „Doch nicht mein, sondern dein Wille geschehe" (Lukas 22,41-43). Ich begann, in diese Haltung hineinzuwachsen.

Es gibt Christen, die kinderlosen Paaren den gutgemeinten Rat geben: „Nicht aufgeben! Betet unbeirrt weiter, dann wird Gott euch ein Kind schenken." Es muß nicht unbedingt falsch sein, weiterhin um ein Kind zu beten, aber es ist falsch, andere zu einer optimistischen Erwartungshaltung zu ermutigen, die sich unter Umständen als schmerzliche Illusion erweist. Ein Christ muß es lernen, die Antwort Gottes zu akzeptieren, egal, wie sie ausfallen mag.

Unterwerfung unter Gottes Willen und ein „Ja" zu seinem Weg sind auch die Schlüssel zum Umgang mit dem Problem der Kinderlosigkeit. Dadurch geben wir Gott freie Hand, uns so umzugestalten, wie es seinem Plan für uns entspricht. Ein englischer Erzbischof hat dies einmal treffend formuliert: „Unglück ist der Diamantenstaub, mit dem der Himmel seine Juwelen schleift."

Diese Erkenntnis war ein entscheidender Wendepunkt in meiner Entwicklung. Ich konnte meine Hand in die Hand Gottes legen und sagen: „Ja, Herr, ich vertraue dir, ich vertraue deinem Plan für mein Leben." Und von da an begann Gott mein Leben in vielerlei Hinsicht reich zu machen – trotz meiner Kinderlosigkeit. Wo ich Leere verspürte, bat ich Gott, er möge die Lücke ausfüllen. Das war mein „Beten im Glauben“. Und Gott beschenkte mich so reich.

Auch wenn mancher Wunsch nach einem Kind unerfüllt bleibt – eines wird Gott seinen Kindern stets bereitwillig und im Überfluß schenken: die Gnade, mit den Schwierigkeiten des Lebens fertig zu werden. Er antwortet immer, wenn wir im Gebet zu ihm kommen, weil wir hilflos sind und unseren Schmerz nicht mehr allein tragen können. Wenn wir uns ihm überlassen, wird er die Schmelztiegel des Leidens dazu benutzen, uns Jesus immer ähnlicher zu gestalten. Als Jesus sich in den Willen des Vaters fügte, erhielt er die Kraft, die er brauchte, um das durchzustehen, was bevorstand. Wenn wir uns Gott, der nur Gedanken des Friedens mit uns hat, ganz ausliefern, wird er uns befähigen, alles durchzustehen, was uns Schmerzen bereiten kann.

Ganz ehrlich

Manchmal müssen wir uns selbst zur Ehrlichkeit zwingen und fragen: „Will ich in Selbstmitleid zerfließen und den Kopf hängen lassen, weil Gott mir etwas vorenthält, was er anderen geschenkt hat? Oder möchte ich wirklich erfahren, was Gott für mich und in mir tun kann und will? Möchte ich seine Hilfe oder nicht?“

Hudson Taylor, der große Chinamissionar, schrieb nach einer besonders schmerzlichen persönlichen Erfahrung:

„Wir müssen es lernen, uns in der Geduld zu üben. Darum läßt uns unser treuer Gott segensreiche Erfahrungen machen, durch die wir darin erstarken. Obgleich Er uns oft beinahe über unser Vermögen prüft, zeigt Er sich doch immer zur Hilfe, zum Durchtragen bereit. Unsere Kümmernisse wären leichter und weniger zahlreich, wenn sich unsere Herzen bereitwilliger Seinem Willen fügten.

Ich ging in der letzten Zeit durch viel Leid. Die Hauptursache meines Jammers liegt in der eigenen Unwilligkeit zur Unterwerfung und zum völligen Ruhen in Gott. Wenn ich es doch lernte, in allem einzig Seine Verherrlichung zu suchen.“

Kaum hatte ich diese Lektion gelernt, mußte ich entdecken,

wie schnell man allerdings die Unterordnung unter den Willen Gottes mit Fatalismus und Passivität verwechselt und glaubt, nun müsse man nichts mehr selbst beitragen. Denn „wenn Gott will, daß ich ein Kind bekomme, dann wird er schon dafür sorgen."

Doch durch das Beten werde ich manchmal auch ermutigt, selbst in einer bestimmten Richtung aktiv zu werden. In meinem Fall hieß das, zu erwägen, ob ich mein Problem nicht von medizinischer Seite her klären und eventuell behandeln lassen sollte. Vielleicht lautete Gottes Antwort auf meine Gebete gar nicht einfach „nein" oder „noch nicht", sondern: „Geh und unternimm selbst etwas!" Das würde bedeuten: Ärzte, Untersuchungen, Tests, Spezialkliniken. Ich wußte noch nicht, ob ich dazu bereit war.

Angst und Führung

Für mich als Ärztin wäre es eigentlich naheliegend gewesen, die Ursachen meiner Unfruchtbarkeit in einer Fachklinik abklären und mich, wenn nötig, behandeln zu lassen. Ich gehe ja sonst auch zum Arzt, wenn ich irgendwelche Beschwerden habe, und lasse mich für weitere Untersuchungen oder zum Röntgen überweisen. Und wenn eine Behandlung möglich ist, befolge ich natürlich den Rat der Fachärzte.

Die Unfruchtbarkeit schien mir allerdings nicht mit anderen medizinischen Problemen vergleichbar. Sollte es mir als Christ nicht möglich sein, Gott in dieser Sache völlig zu vertrauen? Schließlich ist er ja der Schöpfer allen Lebens, und seine Macht reicht aus, um ein Wunder an mir geschehen zu lassen und mir das ersehnte Kind zu schenken (falls sich ein Wunder als nötig erweisen sollte).

In diesen beiden Richtungen bewegten sich meine Gedanken unaufhörlich. Einerseits glaubte ich an Gott, den Urheber allen Lebens und Vollbringer von Wundern, der zweifellos in der Lage war, auch in mir neues Leben heranwachsen zu lassen, wenn es in seinem Willen lag. Andererseits sagten mir mein Verstand und meine Vernunft, daß eine ärztliche Behandlung ein logischer und naheliegender Schritt war.

Lähmende Furcht

Beim Nachdenken über den inneren Zwiespalt, in den ich über der Frage einer medizinischen Behandlung geraten war, mußte ich dann feststellen, daß die Wurzel meiner Unentschlossenheit nicht etwa ein mangelnder Glaube an Gottes Allmacht war, sondern Angst.

Die Angst ist wie ein dunkles Tuch, mit dem der Teufel uns Christen die Augen zu verbinden versucht, um uns zu verwirren. Viele lassen sich von der Angst lähmen und werden unentschlossen und handlungsunfähig. Ganz gleich, was im einzelnen dahinterstecken mag, das Ergebnis ist allzu oft dasselbe: Wir lassen uns den Blick für Gott und seine Liebe trüben. Aber Gott will nicht, daß wir in einen solchen Zustand versinken, denn die Bibel sagt uns deutlich: „Gott ist Liebe ... Furcht ist nicht in der Liebe, sondern die vollkommene Liebe treibt die Furcht aus, denn die Furcht rechnet mit Strafe. Wer sich aber fürchtet, der ist nicht vollkommen in der Liebe" (Johannes 4,16-18).

Furcht kann für den Christen verheerende Auswirkungen haben. Sie kann unser geistliches Wachstum so hemmen, daß wir keinen Schritt mehr wagen und am Ende auf der Stelle treten oder sogar von Gott abdriften. Das Traurige daran ist, daß viele sich dieser tiefsitzenden Furcht und ihrer Folgen gar nicht bewußt sind.

Mit liebevoller Geduld öffnete Gott mir nach und nach die Augen für die Furcht, die tief in meinem Herzen steckte, und zeigte mir, wie ich damit umgehen sollte. Selbst als ich glaubte, einzelne Ängste und Sorgen hinter mir gelassen zu haben, standen sie plötzlich wieder vor mir und stürzten mich in neue Unruhe und Verwirrung.

Im Gespräch mit anderen unfruchtbaren Frauen entdeckte ich, daß meine Ängste den meisten vertraut waren, ob bewußt oder unbewußt. Leider lassen sich aber viele dadurch so lähmen, daß sie oft schon über dreißig sind, bis sie endlich etwas unternehmen. Und dann bleiben ihnen nicht mehr viele Jahre, um den Kinderwunsch vielleicht doch noch realisieren zu können.

Angst vor dem Ungewissen

Die erste Angst, die ich entlarven konnte, war die Angst vor dem Ungewissen. Viele kinderlose Frauen schnappen hier und da einen Brocken an Information auf – manches davon stimmt, manches auch nicht –, und zurück bleibt ein dumpfes Gefühl des

Unbehagens. Dieses Gefühl bestimmt dann ihr Denken und beeinflußt oder verhindert sogar die nötigen Entscheidungen.

Da ich während meiner ärztlichen Laufbahn nie in einer Spezialklinik oder einer entsprechenden Fachabteilung gearbeitet hatte, wußte ich nicht, was im einzelnen an Untersuchungen auf mich zukommen würde. Ich hatte zwar im Lauf der Ausbildung auch auf einer gynäkologischen Station Dienst getan und kannte mich von daher ein wenig aus. Aber manchmal ist es besser, gar keine Ahnung zu haben als nur ein bißchen. Die Vorstellung, selbst Patientin zu sein und eventuell sogar stationär behandelt werden zu müssen, war mir zuwider. Meine Phantasie ging völlig mit mir durch, und die Angst vor dem, was auf mich zukommen konnte, lähmte mich.

Ich kenne Christen, die schon viele Jahre verheiratet und noch immer kinderlos sind. Obwohl der Kummer und die Belastung fast unerträglich sind, haben sie nie versucht, einmal nachzuforschen, ob es nicht Mittel und Wege gibt, um ihr Problem zu lösen. Wie der berühmte Vogel Strauß stecken sie den Kopf in den Sand, in der Hoffnung, das Problem werde verschwinden, wenn sie es nur ignorieren. Ein gottgewirktes Wunder wäre für sie die einzige Lösung. Auf diese Weise bleiben ihnen viel Mühe, Unannehmlichkeiten und Strapazen erspart.

Wenn wir aber, die wir ungewollt kinderlos sind, aus der zermürbenden Unentschlossenheit ausbrechen wollen, dann müssen wir uns der Realität stellen, uns mit der Angst vor dem Ungewissen auseinandersetzen und uns darüber informieren, was auf uns zukommt.

Furcht vor den anderen

Als nächstes mußte ich mir – widerstrebend – eingestehen, daß ich Angst davor hatte, was andere über mich denken könnten. Ich hörte die einen schon mitleidsvoll sagen: „Die Ärmste kann keine Kinder bekommen, wissen Sie. Das ist doch schade, nicht?" „Mir tut es leid, daß Ray keine Kinder bekommen kann." Oder vorwurfsvoll: „Stell, dir mal vor, Ray will sich mit einer dieser neuen Methoden behandeln lassen! Ich hätte gedacht, daß jemand wie sie mehr Gottvertrauen hat. Wie kann sie nur so etwas tun!"

Ich mußte mich selbst fragen, weshalb es mich so beschäftigte, was andere über mich denken könnten. Ich mag es nicht, wenn man mich bedauert oder etwas Falsches von mir denkt; aber was für eine Rolle spielt das, wenn ich davon überzeugt bin, den Weg zu gehen, den Gott mir gezeigt hat? Für viele von uns ist es wichtiger, bei den Menschen Zustimmung zu finden als bei Gott. Wenn wir als Christen diesen Fehler begehen, haben wir die Prioritäten falsch gesetzt. Unser oberstes Anliegen muß es sein, Gott zu gehorchen.

Eine weitere Gefahrenquelle ist unser Stolz. Wir geben nicht gern offen zu, daß auch wir Schwachstellen haben. Uns liegt viel daran, bei anderen in einem guten Licht zu erscheinen, und wir hören es gerne, wenn man über uns sagt: „Sie steht wirklich fest im Glauben."

Natürlich ist es nicht ratsam, mit unserem Innenleben hausieren zu gehen – wir müssen nicht jedem unser Herz ausschütten, denn nicht jeder hat das nötige Verständnis. Trotzdem glaube ich, daß wir Christen unbedingt offener und ehrlicher miteinander umgehen sollten. Und dazu gehört auch, daß wir etwas von unserem Versagen und unseren Schwächen eingestehen und uns auch nicht über das entsetzen, was andere uns anvertrauen. Es ist keine Kunst, vor den anderen ein gutes Bild abzugeben, wenn man mit einer Maske herumläuft, hinter welcher das Wirrwarr unserer Ängste und Unsicherheit verborgen bleibt.

Unsere Entscheidungen dürfen nicht völlig von der Meinung anderer Christen abhängig werden. Auch wenn es gut und hilfreich ist, den Rat von Freunden zu suchen, die fest im Glauben stehen, sind wir doch letztlich selbst gefordert, wenn es darum geht, den Willen Gottes für unser Leben zu erkennen und diesen Weg dann auch konkret zu gehen. Wir müssen vor Gott unser Handeln und unsere Entscheidungen verantworten.

Unfruchtbarkeit ist für mich etwas so Persönliches und Intimes, daß ich darüber nur mit einigen wenigen guten Freunden (und das sind zumeist Menschen mit ähnlichen Problemen) oder meinem Mann sprechen kann. Zum Teil liegt das an meinen schlechten Erfahrungen mit Menschen, denen das nötige Feingefühl und Einfühlungsvermögen in meine Lage fehlte.

Auch wenn das Gegenteil behauptet wird, empfinden doch

viele von uns ihre Unfruchtbarkeit als Makel. Selbst in der Bibel klingt etwas davon an. Nach Josephs Geburt ist Rahel erleichtert: „Gott hat meine Schmach von mir genommen" (1. Mose 30,23). Und Elisabeth kommentiert ihre Schwangerschaft in Lukas 1,25 so:

„Das hat der Herr an mir getan in den Tagen, als er mich angesehen hat, um meine Schmach unter den Menschen von mir zu nehmen." Unfruchtbare Frauen und zeugungsunfähige Männer fühlen sich in ihrem Innern als Versager und „abnormal". Sie können nicht so funktionieren wie die anderen.

Christen allerdings müssen mit diesen Gefühlen nicht alleine bleiben. Sie können alles im Gebet vor Gott bringen und ihn um Beistand bitten. Es hat mir sehr geholfen, mir immer wieder ins Gedächtnis zu rufen, daß Gott all meine Gefühle kennt und versteht. Wenn andere uns nicht verstehen können oder sogar mißverstehen, haben wir einen Gott, der alles begreift. Er kennt uns bis in die Tiefen unseres Herzens und nimmt sich unserer Not liebevoll an.

Weil Gott Mensch wurde, kann er unser Leid und unsere Schmerzen nachempfinden. Jesus wurde weitaus mehr mißverstanden, belächelt, verachtet und abgelehnt, als wir es je sein werden. Aus dieser Tatsache kann ich Trost und Kraft schöpfen.

Furcht vor dem Ungehorsam gegen Gott

Die nächste Angst, die mich davon abhielt, mir einen Termin in einer Spezialklinik geben zu lassen, war die Angst, vielleicht etwas zu tun, was nicht dem Willen Gottes entsprach. Ich hatte Angst, Gott ungehorsam zu werden. Diese Angst wirkt auf viele Christen, die ihren Glauben und ihre Nachfolge ernst nehmen, so lähmend, daß sie am Ende gar nichts unternehmen. Christen können eine so große Angst davor haben, vielleicht etwas Falsches zu tun, daß ihr Leben völlig davon beherrscht wird. Sie haben Angst, die Stelle zu wechseln, umzuziehen, einen Partner zu suchen oder sich bei einem christlichen Werk zu engagieren usw. Sie fühlen sich am sichersten, wenn alles so bleibt, wie es ist. „Nur keine Veränderungen!" lautet das Motto ihres Lebens.

Allerdings erkennen sie selbst nur selten den eigentlichen

Grund ihrer Passivität. Einige halten sich sogar für besonders geistlich und rechtfertigen ihre starre Haltung etwa so: „Ich muß warten, bis Gott mir zeigt, daß ich das tun soll“ oder: „Ich kann das noch nicht als meinen Weg sehen“ oder: „Ich habe noch keine innere Freiheit, das zu tun.“

Solche Christen haben im allgemeinen sehr fragwürdige Vorstellungen darüber, wie Gott seine Kinder führt. Ihre Theorie beruht ausschließlich auf Gefühlen. Verwirrung und Enttäuschung sind die unausweichlichen Folgen. Viele erwarten, daß Gott ihnen einen „besonderen Bibelvers“ schenkt, mit dem sie ihr Handeln absichern können. Andere sind erst dann zu überzeugen, wenn etwas ganz Außergewöhnliches eintritt. Am liebsten wäre es ihnen, wenn Gott seine Anweisungen in Leuchtbuchstaben an den Himmel schreiben würde.

Ich mußte erst all diese Lektionen über meine Ängste lernen, bevor ich sie auf meine eigene Situation übertragen konnte. Ich mußte mich eingehend mit der Frage auseinandersetzen, wie Gott mir darüber Klarheit verschaffen konnte und wie er mich führen würde, wenn die Entscheidung für oder gegen eine medizinische Behandlung anstand. Aber ich wollte mich nicht von der Furcht lähmen lassen, unter Umständen etwas zu tun, das nicht mit dem Willen Gottes für mein Leben in Einklang stand.

Und Gott machte mir nicht nur deutlich, daß er mir auch im Blick auf meine Sterilität seinen Weg zeigen wollte, sondern daß er das ja sogar versprochen hatte. Einer von vielen Bibelversen, der mir dabei besonders half, war die Verheißung in Psalm 32,8: „Ich will dich unterweisen und den Weg zeigen, den du gehen sollst; ich will dich mit meinen Augen leiten.“

Viele Christen haben sehr eigenartige Vorstellungen davon, wie Gott seine Kinder führt. Wir meinen, alles hänge davon ab, daß wir von selbst zu der richtigen Entscheidung kommen, während Gott durch die Wolken späht, von einem Bein aufs andere tritt und wartet, ob wir auch die Entscheidung treffen, die er für uns vorgesehen hat. Dann ruft er erleichtert „Hurra!“, wenn wir es richtig machen, und „Schade!“, wenn es daneben ging. Solche Vorstellungen machen aus der Führung ein richtiges Glücksspiel. Wir hätten allen Grund, uns vor Entscheidungen zu fürchten, wenn die Möglichkeiten, im Einklang mit dem Willen Gottes zu stehen, von solchen Faktoren bestimmt würden.

Bin ich bereit, zu gehorchen?

Wenn wir aufrichtig den Willen Gottes suchen, wird er ihn uns nicht vorenthalten. Viele der Schwierigkeiten, die wir mit dem Erkennen des Willens Gottes haben, gehen, so glaube ich, auf unser eigenes Konto. Durch unsere – unbegründeten – Ängste machen wir alles unendlich kompliziert. Manchmal hat unser eigentliches Problem eher etwas damit zu tun, ob wir Gott wirklich gehorchen wollen, als mit der mangelnden Bereitschaft Gottes, uns zu „führen". Wir können Gott nicht auffordern: „Sag, mir erst einmal, was du von mir willst, dann werde ich mich entscheiden, ob ich dir gehorchen will oder nicht." Oft gibt uns Gott in einer bestimmten Situation erst dann Klarheit über seinen Willen, wenn wir zum Gehorsam bereit sind.

Gott wäre kein Gott der Liebe, wenn er erlauben würde, daß diejenigen seiner Kinder, die aufrichtig nach seinem Willen leben wollen, Wege einschlagen, die ins Verderben führen. Aufgrund unserer komplizierten Denkmuster kann es zwar passieren, daß wir von Zeit zu Zeit einmal vom rechten Weg abkommen. Aber wenn wir unsere Situation immer wieder im Gebet vor ihn bringen und ehrlich nach seinem vollkommenen Plan für unser Leben fragen, sorgt er dafür, daß wir nicht zuviel Zeit auf falschen Wegen zubringen. Manchmal führt er uns direkt zurück auf den rechten Weg. Er liebt uns und möchte, daß wir seinen Willen für unser Leben erkennen. Er macht es nie komplizierter als nötig.

Wie führt uns Gott?

Die Bibel ist das wichtigste Instrument, das Gott gebraucht, um mit uns zu reden. In diesem Buch enthüllt er viel von seinem Wesen und gibt uns einige grundlegende Prinzipien, nach denen wir unser Leben ausrichten sollen.

Wenn ich am Anfang meines Glaubenslebens Gottes Willen in Erfahrung bringen wollte, schlug ich ganz willkürlich die Bibel auf und las den ersten Vers, auf den mein Blick fiel. Wenn er auf meine Situation angewendet werden konnte, hielt ich mich daran. Wenn nicht, begann die Prozedur von neuem, bis ich einen Vers gefunden hatte, mit dem ich etwas anfangen konnte. Mich überrascht es immer wieder, wie viele Christen mit dieser „Glücksgriff"-Methode Gottes Führung zu erfahren suchen – und darunter sind nicht nur Neulinge im Glauben! Ich habe es erleben müssen, daß eine solche Methode (mit wenigen Ausnahmen) lediglich zu noch größerer Verwirrung oder sogar ins Unglück führt.

Das Erkennen des Willens Gottes ist nicht von solchen Glücksspielen abhängig. Es bedarf vielmehr der intensiven Beschäftigung mit der Schrift, denn dort findet der Christ die Leitlinien, an denen er sein Leben ausrichten soll. Und die gilt es dann anzuwenden – im Alltag und in besonderen Situationen.

Ärztliche Hilfe oder Warten auf ein Wunder?

Welche Anhaltspunkte liefert uns die Bibel, um zu erkennen, ob es für ein kinderloses Paar richtig ist, ärztliche Hilfe in Anspruch zu nehmen oder nicht?

Jesus heilte während seiner Erdenzeit Kranke, und Gott griff auf wunderbare Weise ein, um einigen unfruchtbaren Frauen des Alten Testaments Kinder zu schenken. Aus diesen beiden Tatsachen könnte man den Schluß ziehen, daß einem kinderlosen Paar kein Ausweg bleibt, wenn Gott nicht durch ein Wunder Abhilfe schafft. Doch wenn man das Außergewöhnliche und durch ein Wunder Gewirkte zur Regel erhebt, treibt man Mißbrauch mit der Bibel. Diese spektakulären Möglichkeiten des Eingreifens sind ganz besondere Beispiele der gnädigen Fürsorge Gottes für uns, Zeichen der Liebe in ungewöhnlicher Form.

Nehmen wir als Beispiel die Art, in der Gott für unsere Nahrung sorgt. Es stimmt, daß er dem Propheten Elia am Bach Krit durch Raben „Essen auf Flügeln" zukommen ließ (1.Könige 17, 3-4). Es stimmt auch, daß die Kinder Israel auf ihrer Wüstenwanderung von der himmlischen Kantine beliefert wurden, direkt vom Himmel, frei Haus (2. Mose 16). Aber weder das eine noch das andere war der normale Weg, auf dem Gott seinen Kindern Nahrung beschaffte. Gott ermutigte sein Volk, alle Möglichkeiten der Nahrungsbeschaffung zu nutzen. Sie sollten nicht erwarten, daß er ihnen immer durch Wunder helfen würde.

Wenn wir beten „unser täglich Brot gib uns heute", legen wir Gott ja auch nicht darauf fest, daß er unsere Bitte auf spektakuläre Weise erfüllt – wir rechnen nicht damit, daß uns ein Engel jeden Morgen frische Brötchen vor die Tür legt. Wir akzeptieren, daß wir durch unserer Hände Arbeit das Geld verdienen, mit dem wir unseren Lebensunterhalt bestreiten. Und das ist an sich schon ein Teil der gnädigen, väterlichen Fürsorge Gottes für uns.

Ähnliches trifft meiner Meinung nach für den Bereich der Krankenheilung zu. Auch hier will Gott nicht, daß wir uns ausschließlich auf sein wunderbares, spektakuläres Eingreifen verlassen. Es kommt sicher vor, daß er manchmal in seiner Gnade einschreitet und durch ein Wunder Heilung schenkt, aber der göttlichen Norm entsprechend soll die Heilung von Kranken durch die Ärzte und die medizinischen Erkenntnisse geschehen, die Gott ihnen geschenkt hat.

Warum können manche bei Herzbeschwerden und Arthritis bedenkenlos medizinische Hilfe in Anspruch nehmen und gleichzeitig verlangen, kinderlose Paare sollten ihre Hoffnung allein darauf setzen, daß Gott ihnen entweder durch ein Wunder hilft oder gar nicht? Können wir denn nicht medizinische Hilfe suchen und dabei trotzdem glauben, daß Gott es ist, der uns heilt? Einige von uns müssen erst einmal den Weg akzeptieren, den Gott für den Normalfall vorgesehen hat, bevor sie etwas Außergewöhnliches erwarten. Und für ein kinderloses Paar kann das die Inanspruchnahme ärztlicher Hilfe bedeuten.

Führung durch äußere Umstände

Bei dem Bemühen, unseren Weg zu erkennen, dürfen die äußeren Lebensumstände zwar nie das einzige Kriterium sein, von dem wir uns leiten lassen, aber Gott kann natürlich auch sie dazu benutzen, um uns eine Orientierungshilfe zu geben. Wenn zum Beispiel die nächste Fachklinik so weit entfernt ist, daß jeder Besuch mit einem großen Aufwand an Zeit und Kosten verbunden wäre, könnte man dies als Hinweis darauf interpretieren, daß man sich auf die Möglichkeiten beschränken soll, die das örtliche Krankenhaus oder der behandelnde Facharzt bieten. Oder jemand leidet bereits an einer organischen Krankheit, die sich durch umfangreiche und anstrengende Untersuchungen und eine Behandlung verschlimmern könnte; es gibt Erkrankungen, bei denen eine Schwangerschaft ein Gesundheitsrisiko darstellt. Solche besonderen Umstände würde der eine oder andere als Fingerzeig Gottes auffassen, die Dinge so zu akzeptieren, wie sie sind, und keine weiteren Schritte zu unternehmen.

Wenn es dagegen keine zwingenden Gründe gibt, die die Behandlung in einer Fachklinik unmöglich oder nicht ratsam erscheinen lassen, und die Sehnsucht nach einem Kind sehr groß ist, dann bedürfte es meiner Meinung nach schon eines eindeutigen göttlichen Fingerzeigs, um diese Hilfe nicht zu suchen.

Gott bedient sich auch unseres gesunden Menschenverstandes, um uns zu führen. Wir sollen überlegt handeln und uns nicht von unseren Gefühlen leiten lassen. Wenn unser Verstand und unsere Vernunft unter der Herrschaft Gottes stehen, besitzen wir in ihnen geeignete Instrumente, deren wir uns bei unseren Entscheidungen bedienen sollen. Meine wenig verläßlichen Gefühle und schwankenden Stimmungen haben mich in der Vergangenheit oft daran gehindert, eine Entscheidung zu treffen. Wenn ich mit Ruhe und Vernunft an ein Problem herangehe, erreiche ich viel mehr.

Die letzte Hürde, die ich zu nehmen hatte, war die Angst, welche Auswirkungen die Untersuchungen auf meine Persönlichkeit haben würden. Es wäre mir lieber gewesen,Gott hätte meine Bitte so erhört, daß mir diese Opfer erspart geblieben wären. Ich wußte, er konnte das tun. Aber warum tat er es nicht? Die meisten Frauen können problemlos schwanger werden; warum mußte ausgerechnet ich die Demütigung auf mich nehmen, die der Besuch beim Frauenarzt bedeutete? Warum mußte ich mich unzähligen Tests und Untersuchungen unterziehen?

Ich wollte ein „ganz einfaches Wunder", sonst nichts. Aber Gott hatte andere Pläne!

Mit Schrecken dachte ich an die bevorstehenden Krankenhausaufenthalte, bei denen ich Freunden und Kollegen begegnen konnte, die mich dann natürlich nach den Gründen für mein Hiersein fragen würden. Ich wollte nicht, daß andere etwas von meinem persönlichen Kummer erfuhren. Ich wollte mich nicht den peinlichen Fragen und einer eventuell erforderlichen Behandlung aussetzen, die vielleicht schmerzhaft und unangenehm sein und große Opfer an Zeit und Einsatz von mir verlangen würde. Enttäuschungen würden nicht ausbleiben, und am Ende würde ich vielleicht doch auf das Baby verzichten müssen, für das allein sich die Tortur lohnen würde.

Ich führte mir die Alternativen vor Augen. Ich konnte zulassen, daß mich die Ängste gefangennahmen. Ich konnte die Gelegenheit, die Ursache unserer Kinderlosigkeit feststellen zu lassen, ausschlagen. Allerdings würde ich mir später vielleicht einmal Vorwürfe machen, weil ich nichts unternommen hatte, solange die Zeit noch für uns arbeitete. Ich würde immer mit der beklemmenden Frage leben, ob ich mit dem Verzicht auf eine medizinische Klärung nicht die Chance verpaßt hatte, doch noch zu eigenen Kindern zu kommen.

Furcht überwinden

Ich konnte mich andererseits auch mit meinen Ängsten auseinandersetzen und versuchen, sie zu überwinden. Das bedeutete nicht automatisch, daß ich mich für eine Untersuchung und Behandlung entscheiden mußte. Ich wäre dann aber in der Lage, eine wohlüberlegte Entscheidung auf der Grundlage dessen zu treffen, was ich für den Willen Gottes hielt. Und ich würde mich nicht für den Rest meines Lebens mit Vorwürfen herumschlagen müssen.

Obwohl ich mich am Ende für den Facharzt entschied, schleppte ich doch weiterhin einige meiner Ängste mit mir herum – vor allem jene, es könnte sich herumsprechen, daß ich mich einer Behandlung unterzog. Es fiel mir sehr schwer, meine tiefsten, verborgenen Sehnsüchte vor anderen offenzulegen. Deshalb sprach ich auch niemanden an, der eine solche Untersuchung bereits hinter sich hatte. Vielleicht war es in meinem Fall ja auch nicht so nötig, da ich durch meine medizinische Vorbildung bereits einiges wußte. Aber etwas Aufmunterung und Rückhalt hätten mir sicher gutgetan. Wenn auch Sie sich mit dem Gedanken tragen, die Ursache ihrer Kinderlosigkeit von kompetenter Seite klären zu lassen, möchte ich Ihnen den Rat geben, Kontakt mit einer Frau aufzunehmen, die das alles schon hinter sich hat, und mit ihr darüber zu sprechen. Gewarnt sein heißt gewappnet sein! Ein paar einfache Fragen können Ihnen in diesem frühen Stadium schon zeigen, daß Ihre Ängste und Befürchtungen hinsichtlich der Untersuchungen völlig unbegründet sind.

Rückhalt beim Partner

Bei weitem die größte Hilfe war mir in dieser Zeit das Bewußtsein, daß mein Mann hinter mir stand. Ich denke, es ist von entscheidender Bedeutung, daß beide Partner gemeinsam das Problem durchsprechen und eine Entscheidung über das weitere Vorgehen treffen. Selbst wenn nur einer der Partner behandelt werden muß, sollte die Entscheidung von beiden getragen werden. Eine Behandlung kann sehr mühsam sein und viel Zeit, Energie und Durchhaltevermögen erfordern, und der Partner, der sich ihr unterziehen muß, wird leichter damit fertig, wenn er sich der liebevollen Ermutigung und Unterstützung des anderen sicher ist.

Wenn die Entscheidung gegen eine nähere Untersuchung getroffen wird, ist es genauso wichtig, daß dies im Einvernehmen beider Partner geschieht. Ist dies nicht der Fall, besteht die Gefahr, daß eines Tages im Herzen des Partners, der gerne weitere Schritte unternommen hätte, der Groll zu wachsen beginnt. Und Groll kann selbst die harmonischste Ehe zerstören.

Haben wir dann unsere persönliche Entscheidung getroffen, müssen wir berücksichtigen, daß die Menschen verschieden sind. Was für das eine Paar gut und richtig ist, kommt für das andere vielleicht überhaupt nicht in Frage. Wir sollten uns hüten zu folgern: „Wenn wir solche Untersuchungen nicht mit unserem Gewissen vereinbaren können, können es andere auch nicht!“

Eine persönliche Entscheidung

Harry und ich besprachen häufig – und stets ausführlich und gründlich – das Für und Wider in unserem speziellen Fall. Jedes Paar muß in dieser Frage seinen eigenen Weg finden, und dies sollte in einem bewußten, aktiven Prozeß geschehen. Häufig wird das Thema leider immer wieder vertagt, in der stillen Hoffnung, das Problem werde sich vielleicht doch von selbst lösen. Manche Paare weigern sich hartnäckig, sich einmal an einen Tisch zu setzen. Jedesmal, wenn das Thema „Untersuchung und Behandlung“ aufkommt, wird es mit einem ausweichenden „Darüber müssen wir uns irgendwann einmal unterhalten“ beiseite geschoben. Es ist aber sehr ratsam, sich einen zeitlichen Rahmen zu setzen, in dem dann die Entscheidung zu fällen ist, andernfalls wird man über der Angelegenheit nie zur Ruhe kommen.

Es kann sehr viel Zeit vergehen, bis alle notwendigen Untersuchungen durchgeführt sind und eine Behandlung eingeleitet werden kann. Und dann muß immer noch die Möglichkeit miteinkalkuliert werden, daß man doch keine Kinder bekommen kann. Dann erwägt man vielleicht eine Adoption. Hat man nun aber die Entscheidung zu lange hinausgeschoben, so muß man damit rechnen, daß man inzwischen die Altersgrenze für Adoptiveltern bereits überschritten hat. Deshalb sollte ein Paar schon beim ersten Gedanken an eine eventuell vorliegende Unfruchtbarkeit alle Möglichkeiten sorgfältig abwägen.

Einige weitere Fragen, die sich uns stellen: „Könnten wir auf Dauer mit der Ungewißheit leben, daß vielleicht nur ein kleiner Eingriff nötig gewesen wäre, um unsere Kinderlosigkeit zu beheben? Könnten wir mit unserer Kinderlosigkeit leben?“ Manchen Paaren fällt das leichter als anderen. Manche gehen voll in ihrem Beruf oder einem anderen Engagement auf. Andere können in ihrer Kinderlosigkeit klar eine Führung Gottes erkennen und ein „Ja" dazu finden. Sie verstehen sie als Chance, dem Herrn in einer ganz besonderen Weise dienen zu können. Aber wie stand es um uns? Wir begannen immer deutlicher zu spüren, daß es in unserem Fall nicht richtig wäre, die Möglichkeit ärztlicher Hilfe auszuschlagen.

Auch Sie müssen versuchen, zu einer Entscheidung zu kommen, die für Sie tragbar ist, und dann auch dabei bleiben; aber vielleicht sollten Sie sich vorher doch fragen: „Werde ich es einmal bereuen, daß ich den Ursachen nicht nachgegangen bin, wenn ich mit vierzig immer noch kein Kind habe? Und wenn nur eine Kleinigkeit schuld war, die man leicht hätte beheben können?"

Testphasen

Die drei Monate Wartezeit bis zu meinem ersten Termin in der „Kinderwunschsprechstunde" waren eine Geduldsprobe. Dann endlich saß ich mit meinem Mann im Wartezimmer. Ich habe noch den vertrauten Krankenhausgeruch in der Nase und sehe den kleinen Tisch vor mir, auf dem eine Menge alter Zeitschriften lagen, um die endlos erscheinende Wartezeit zu verkürzen. Mit Erleichterung stellte ich fest, daß ich niemanden unter den Wartenden kannte, und hoffte inständig, daß auch niemand hereinkommen würde, mit dem ich bekannt war. In jedem Gesicht stand geschrieben, was auch wir fühlten: Anspannung und Angst.

Schließlich wurden unsere Namen aufgerufen. Zunächst wurden wir gemeinsam von einem Urologen und einem Gynäkologen befragt, dann blieb Harry bei dem Urologen, während ich in das Sprechzimmer des Gynäkologen folgte.

Wer sich einmal dazu durchgerungen hat, die Ursache seiner Kinderlosigkeit untersuchen zu lassen, sollte dies an einer Fachklinik oder der entsprechenden Fachabteilung einer Universitätsklinik tun; dort gibt es sogenannte „Kinderwunschsprechstunden".

Kinderwunschsprechstunde

Die erwähnten Kliniken oder Fachabteilungen haben sich auf dieses Problem spezialisiert und verfügen über die entsprechende Ausstattung. Viele Frauenärzte räumen mittlerweile ein, daß Unfruchtbarkeit ein so komplexes Problem ist und derart komplizierte Behandlungsmethoden erfordert, daß hierfür Spezialkenntnisse nötig sind, die über ihre Qualifikation hinausgehen. (Es sei denn, sie haben sich auf diesem Gebiet selbst spezialisiert und weitergebildet. Dies trifft allerdings nur auf eine geringe Zahl der niedergelassenen Frauenärzte zu.) Entsprechend lang sind folglich die Wartelisten bei den Beratungsstellen und Fachabteilungen der Universitätskliniken.

Manche empfinden die lange Wartezeit als zermürbend und frustrierend und die Behandlung als außerordentlich anstrengend. Aber viele Paare sind so erleichtert darüber, endlich Hilfe gefunden zu haben, daß sich vieles von der angestauten Spannung löst.

Ich zähle zu der ersten Kategorie – ich tat mich mit der ganzen Prozedur sehr schwer, und meine Geduld wurde aufs äußerste strapaziert. Ich bedaure es aber nicht, mich darauf eingelassen zu haben. Denn ich weiß, daß es mir auf die Dauer viel schwerer gefallen wäre, mit der Ungewißheit zu leben und nicht zu wissen, was (falls überhaupt) mit mir oder Harry nicht in Ordnung war.

Die Ursachen der Unfruchtbarkeit sind äußerst komplexer Natur und noch immer nicht in vollem Umfang bekannt. Immer wieder gibt es Fälle, in denen die Ärzte zugeben müssen, daß sich die Kinderlosigkeit eines Paares medizinisch nicht erklären läßt. Es ist aber ermutigend, wie viel Forschung in den letzten Jahren auf diesem Gebiet betrieben wurde. Die Fortschritte, die dabei sowohl im Bereich der Diagnostik als auch der Therapie gemacht wurden, sind beachtlich.

Diagnose

Das erste Problem, dem der behandelnde Arzt gegenübersteht, liegt im Erstellen der richtigen Diagnose. Ohne eine genaue Kenntnis der Ursache der Unfruchtbarkeit eines Paares ist eine erfolgversprechende Behandlung kaum möglich und kann sich leicht als Verschwendung von Zeit und Mühe entpuppen.

Die Voruntersuchungen sollten zunächst einmal Anhaltspunkte liefern, in welchem Bereich die Störung liegen könnte.

Man unterteilt die Faktoren, die Fruchtbarkeitsstörungen hervorrufen können, in drei große Bereiche. Sobald festgestellt wurde, in welchem dieser Bereiche die Störung zu suchen ist, können Spezialuntersuchungen eingeleitet werden. Bei den drei Bereichen handelt es sich um a) Zeugungsunfähigkeit des Mannes, b) anatomische Veränderungen der weiblichen Geschlechtsorgane (angeboren oder krankheitsbedingt), c) funktionell bedingte Veränderungen innerhalb des weiblichen Fortpflanzungstraktes.

Als wir endlich einen Termin für die „Kinderwunschsprechstunde" bekamen, galt er für Harry und mich. Es ist wichtig, daß Mann und Frau befragt und untersucht werden. Es hat wenig Sinn, nur bei einem Partner nach den Ursachen zu forschen. Und selbst wenn bei einem Partner eine Störung diagnostiziert und behandelt wird, schließt das noch nicht aus, daß auch beim anderen Partner etwas nicht in Ordnung sein kann.

In der Regel ist die Bereitschaft beider Partner, sich den nötigen Untersuchungen zu unterziehen, Voraussetzung für die Einleitung weiterführender diagnostischer Maßnahmen. Kleinere Störungen werden oft bei beiden Partnern festgestellt, und wo sich diese Faktoren von zwei Seiten addieren, wird die Fortpflanzungsfähigkeit eines Paares eingeschränkt.

Zeugungsfähigkeit des Mannes

Die Zeugungsfähigkeit des Mannes wird von Faktoren beeinflußt, die sowohl die Bildung wie auch die Ausschüttung des Samens verursachen. Nach einer Generaluntersuchung durch einen Urologen wurde Harrys Samenflüssigkeit daraufhin untersucht, ob die Samenfäden in bezug auf Anzahl, Gestalt und Beweglichkeit den Mindestanforderungen genügten. (Diese Untersuchung bezeichnet man als Spermiogramm.) Da bei Untersuchung der Samenflüssigkeit mit Schwankungen gerechnet werden muß, kommt es häufig vor, daß nach dem ersten, unzureichenden Ergebnis sich eine wenige Wochen später entnommene Probe als völlig normal erweist. Deshalb sollte in jedem Fall ein zweites Spermiogramm gemacht werden, wenn das erste Testergebnis den „Mindestanforderungen für die Zeugungsfähigkeit" nicht genügt.

Da bei kinderlosen Paaren in der Regel der Frau das ganze Mitgefühl gilt, muß einmal gesagt werden, daß auch vielen Männern das Thema sehr nahe geht. Ein Mann ist geneigt, sich nicht mehr vollwertig, nicht mehr als „ganzer Mann" zu fühlen, wenn der Test eine unzureichende Gesamtzahl oder sogar ein völliges Fehlen beweglicher Samenfäden ermittelt. Er sieht dadurch seine Männlichkeit in Frage gestellt und empfindet sich mit einem Mal auf sexuellem Gebiet als unzulänglich – obwohl die Anzahl der Spermien die Fähigkeit zum Geschlechtsverkehr in keiner Weise beeinträchtigt noch sonst seiner Männlichkeit in irgendeiner Weise Abbruch tut.

Ein Mangel oder das völlige Fehlen reifer Samenzellen beim Mann kann verschiedene Ursachen haben. Mumps im Kindes- oder Erwachsenenalter kann zu Störungen der Samenbildung in den Hoden führen. Auch ein in der Kindheit unbehandelter oder später eingetretener Hodenhochstand sowie Verletzungen oder Entzündungen der Hoden können zu solchen Störungen führen. Des weiteren kann ein Krampfaderbruch der Hoden die Samenproduktion behindern. Inzwischen weiß man, daß auch einige Medikamente die Samenproduktion und -qualität negativ beeinflussen. Das gleiche kann durch jede andauernde schwere körperliche Erkrankung eintreten.

Es trifft zwar zu, daß zur Befruchtung einer Eizelle nur eine einzige Samenzelle erforderlich ist, aber dieser Vorgang kann nur in Anwesenheit vieler Tausend anderer Samenzellen erfolgen. Die Untergrenze der Zeugungsfähigkeit liegt bei 20 Millionen Spermien pro Kubikzentimeter Samenflüssigkeit. Das ist zwar eine unvorstellbare Zahl, aber sobald sie unterschritten wird, werden die Chancen einer Befruchtung gering. Und selbst wenn die Anzahl der Samenzellen ausreichend ist, verringert sich die Wahrscheinlichkeit einer Schwangerschaft, wenn viele darunter mißgebildet oder in ihrer Beweglichkeit eingeschränkt sind.

Als Harry erfuhr, daß das Ergebnis seines Spermiogramms völlig normal war, war er sehr erleichtert. Er hatte die ganze Prozedur als sehr peinlich und anstrengend empfunden und gab offen zu, daß es für ihn schwierig geworden wäre, wenn sich weitere Krankenhausbesuche und Untersuchungen als notwendig erwiesen hätten.

Ich wußte seine Bereitschaft, sich gerade diesem Test zu unterziehen, sehr zu schätzen. Viele Männer verweigern ihn und gehen von vorneherein davon aus, daß die Ursache bei der Frau liegt und deshalb nur sie untersucht werden muß.

Die Fruchtbarkeit der Frau

Bei meinem ersten Besuch führte der Frauenarzt eine Routineuntersuchung durch, um festzustellen, ob im Beckenbereich alle Organe normal entwickelt waren. Man informierte mich darüber, daß später eventuell weitere Untersuchungen zur Überprüfung der Eierstöcke und Eileiter erforderlich würden. Mir wurden Blutproben entnommen, um den Spiegel verschiedener Hormone zu bestimmen. Außerdem wurde mein allgemeiner Gesundheitszustand überprüft, um auszuschließen, daß nicht irgendwelche Erkrankungen vorlagen, die ebenfalls zu Unfruchtbarkeit führen konnten.

Zwei grundlegende Faktoren haben Einfluß auf die Fruchtbarkeit der Frau: entweder können die Samenzellen nicht zum Ei gelangen, oder es ist kein befruchtungsfähiges Ei vorhanden. Mit den Untersuchungen, die bei der Frau durchgeführt werden, soll festgestellt werden, welche der beiden Möglichkeiten in Frage kommt.

Eine Samenzelle kann daran gehindert werden, den Gebärmutterhals zu passieren, wenn der Zervixschleim, der als Schleimpfropf den Gebärmutterhalskanal ausfüllt, Antikörper gegen das Sperma des Partners bildet und somit die Samenzellen abtötet.

Um dies festzustellen, wird ein Abstrich des Schleimpfropfs gemacht, nach der gleichen Methode, nach der auch bei der Krebsvorsorgeuntersuchung eine Gewebeprobe aus dem Gebärmutterhalskanal entnommen wird. Dann wird auf das eine Ende eines Objektträgers etwas von dem Zervixschleim und auf das andere Sperma des Mannes aufgetragen. Unter dem Mikroskop werden die Samenzellen mit dem Zervixschleim in Kontakt gebracht. Normalerweise werden die Samenzellen durch den Zervixschleim nicht behindert. Kommt jedoch die Bewegung der Samenfäden zum Stillstand, ist dies ein Hinweis darauf, daß sie abgetötet wurden und der Zervixschleim Antikörper gegen das Sperma enthält.

Als nächstes muß geklärt werden, ob die Samenzellen die Eileiter passieren und zu dem Ei gelangen können. In der Regel wird ein Ei in einem der Eileiter (bzw. in einer Erweiterung, der sogenannten Ampulle) befruchtet. Von dort wandert es den Eileiter hinunter in den oberen Teil der Gebärmutter, wo es sich, wenn alles normal verläuft, am sechsten Tag nach der Befruchtung einnistet.

Eileiterverschluß

Wenn ein Eileiter verschlossen oder blockiert ist, können Ei- und Samenzelle nicht zusammentreffen. Veränderungen des Eileiters können verschiedene Ursachen haben, z. B. vorausgegangene Entzündungen oder Verletzungen nach Eingriffen oder einer Fehlgeburt, bei denen Narben oder Verwachsungen zurückgeblieben sind.

Es gibt drei Methoden, um die Durchgängigkeit der Eileiter zu testen. Eine dieser Untersuchungen, die sogenannte Eileiterdurchblasung, ist zwar weniger genau als die beiden anderen, dafür aber einfacher durchzuführen. Sie wird häufig in solchen Fällen angewandt, bei denen auch eine Dilatation und Kürettage (Ausschabung) vorgenommen wird. Dabei wird ein Gasstrom vom Gebärmutterhals über Gebärmutterhöhle und Eileiter in den Bauchfellraum getrieben. Am erforderlichen Gasdruck und einem bezeichnenden Bläschengeräusch, das abgehört wird, kann man ablesen, ob die Eileiter offen oder verschlossen sind.

Eine noch effektivere und aussagekräftigere Methode ist die Röntgendarstellung der Eileiter (Uterotubogramm). Sie erfolgt vom Muttermund aus über die Gebärmutterhöhle, doch wird in diesem Fall kein Gas, sondern ein Röntgenkontrastmittel eingespritzt, dessen Schatten auf dem Röntgenbild anzeigt, wie weit der Geschlechtskanal von unter her durchgängig ist. Diese Methode hat den Vorteil, daß auch die Gebärmutterhöhle in Umrissen sichtbar ist. Manchmal können dabei sogar Mißbildungen oder Myome festgestellt werden, die das Einnisten eines befruchteten Eis verhindern oder Fehlgeburten auslösen können. Die Untersuchung ist unangenehm und mitunter auch etwas schmerzhaft, aber sie ist einfach durchzuführen und praktisch ohne jedes Risiko. Sie kann unter örtlicher Betäubung erfolgen.

Die dritte Methode, die Bauchhöhlenspiegelung (Laparoskopie), ist etwas komplizierter und wird gewöhnlich nur dann vorgenommen, wenn die anderen Verfahren zu keinem Ergebnis geführt haben. Man führt dabei ein Spezialbesteck in den luftgefüllten Bauchraum ein und betrachtet die Eingeweide bei entsprechender Beleuchtung gewissermaßen von innen. Der Zugang erfolgt meistens von der Bauchdecke. Diese aufschlußreiche Untersuchungsmethode vermittelt dem Arzt ein genaues Bild vom Zustand der Eierstöcke, der Eileiter, der Außenseite der Gebärmutter und der gesamten Bauchhöhle. Es handelt sich zwar um keinen großen Eingriff, er erfordert aber eine Narkose und ist somit etwas riskanter als die beiden bereits genannten Methoden. Dennoch ist eine Bauchhöhlenspiegelung im allgemeinen unproblematisch. Sie ist heute ein gängiges Verfahren und wird stationär durchgeführt.

Störungen der Eierstockfunktion

Wieder andere Untersuchungen dienen zur Überprüfung des Menstruationszyklus und zur Klärung der Frage, ob überhaupt jeden Monat ein Eisprung erfolgt.

Der Eisprung, die monatliche Freisetzung eines befruchtungsfähigen Eies aus einem der beiden Eierstöcke (auch Ovulation genannt), wird von bestimmten Hormonen gesteuert, die von den Eierstöcken und der Hirnanhangsdrüse produziert werden. Obwohl Eierstöcke und Hirnanhangsdrüse in verschiedenen Körperbereichen liegen, besteht zwischen ihnen ein enger funktionaler Zusammenhang. Störungen in einem Bereich schlagen sich automatisch im anderen nieder.

Die Menstruation (die zyklische Abstoßung der Gebärmutterschleimhaut) ist an sich ein Zeichen dafür, daß es nicht zur Befruchtung und zum Einnisten eines Eies gekommen ist. Ein Zyklus umfaßt normalerweise einen Zeitraum von 28 bis 30 Tagen. Die Zählung beginnt am ersten Tag der Blutung (die in der Regel 4-5 Tage andauert). Der Eisprung unterteilt den Zyklus in zwei Hälften und erfolgt normalerweise 14 Tage vor der Blutung, die das Ende des alten und den Beginn des neuen Zyklus anzeigt.

Die erste Hälfte des Zyklus (vor dem Eisprung) wird als Proliferationsphase bezeichnet, während der sich die Gebärmutter auf die mögliche Aufnahme eines befruchteten Eies vorbereitet. Die „Absonderungsphase" setzt nach dem Eisprung ein und erstreckt sich bis zum Ende des Zyklus. Die Gebärmutterschleimhaut bereitet weiter alles für eine mögliche Schwangerschaft vor, aber sobald das Absinken des Hormonspiegels signalisiert, daß keine Schwangerschaft eingetreten ist, beginnt sie sich abzulösen, um danach abgestoßen zu werden.

Während des Zyklus sind die Eierstöcke (die schon von Geburt an die Eier enthalten) sehr aktiv. Unter dem Einfluß bestimmter Hormone reift eines der Eier heran und wird für eine Befruchtung vorbereitet. Wenn es die erforderliche Größe erreicht hat, löst es sich vom Eierstock und wird von der Erweiterung der Eileiter, der Ampulle, aufgenommen. Dann wandert das Ei durch den Eileiter hinunter, um dort durch die aufwärtsstrebenden Samenfäden befruchtet zu werden.

Alles, was diesen Zyklus stört oder beeinträchtigt, kann Ursache von Unfruchtbarkeit sein.

Zur Überprüfung des Zyklus empfiehlt sich als erster Schritt die Bestimmung des Hormonspiegels im Blut, um festzustellen, ob die betreffenden Hormone in der dem jeweiligen Zyklusstadium entsprechenden Konzentration vorhanden sind.

Dann wird die Patientin unter Umständen aufgefordert, auf einer Kurve ihre Morgentemperatur (Basaltemperatur) während des gesamten Zyklus einzutragen, da anhand der Körpertemperatur normalerweise abzulesen ist, ob ein Eisprung stattgefunden hat oder nicht.

Ich erinnere mich noch gut an die zwei Monate, in denen ich mich dieser Prozedur unterzog – jeden Morgen das gleiche, mühsame Ritual des Temperaturmessens unmittelbar nach dem Aufwachen. Danach Eintragung auf einer Kurve, wobei ich versuchte, eine gewisse Regelmäßigkeit zu entdecken. Wenn der

Eisprung normal stattfindet, liegt die Körpertemperatur vom Zeitpunkt der letzten Periode bis zum nächsten Eisprung niedrig (etwa bei 36,7°C oder etwas darunter). Zum Zeitpunkt der Ovulation fällt die Temperatur stark ab und steigt dann wieder um 0,2 bis 0,5°C an. Bis zum Beginn der nächsten Regelblutung bleibt sie auf dieser Höhe. Von entscheidender Bedeutung ist die Tatsache, daß der Eisprung im Durchschnitt ein bis zwei Tage vor dem Temperatursprung erfolgt. Ich war erleichtert, als die beiden Monate vorüber waren, denn ich merkte, wie leicht ich mich ganz auf diese Temperaturschwankungen fixierte.

Wenn danach noch immer Zweifel darüber bestehen, ob ein Eisprung erfolgt oder nicht, empfiehlt sich eine mikroskopische Untersuchung der Gebärmutterschleimhaut nach einer Gewebsentnahme (Endometriumbiopsie). Das Gebärmutterschleimhautgewebe, das zur Zeit der Progesteronbildung (nach dem Eisprung) entfernt wird, unterscheidet sich von Gewebe unter dem Einfluß von Östrogen (vor dem Eisprung) oder Gewebe ohne hormonellen Einfluß.

Ultraschall

Manche Kliniken und Fachabteilungen wenden mittlerweile ein noch genaueres Verfahren an. Es handelt sich dabei um eine Kombination von Ultraschalluntersuchung und täglicher Blutkontrolle. Mit Hilfe des Ultraschalls kann der Arzt das Ei während des Reifungsprozesses im Eierstock beobachten und überprüfen, ob es die für den Eisprung erforderliche Größe erreicht. Das herangereifte Ei kann bis zum Eisprung und noch kurz danach beobachtet werden. Der Vergleich der Ultraschallaufnahmen mit der Entwicklung des Hormonspiegels anhand der Blutuntersuchungen erlaubt detaillierte Rückschlüsse auf die konkreten Abläufe im Menstruationszyklus.

Diese Methode ist für Arzt und Patientin sehr zeitaufwendig. Wenn aber die Möglichkeit dazu gegeben ist, kann die Untersuchung sehr aufschlußreich sein. Außerdem ist sie ohne jedes Risiko.

Es ist erstaunlich, wie weit die Möglichkeiten der Medizin,

die Ursachen der Unfruchtbarkeit genau zu diagnostizieren, heute gediehen sind. In meinem Fall wurde beim ersten Mal eine Fehldiagnose gestellt, da die Untersuchungsmethoden damals noch nicht so weit entwickelt waren. So wurde ich völlig falsch behandelt. Später, nach einer Reihe weiterer Untersuchungen, wurde dann eine korrekte Diagnose gestellt und eine entsprechende Behandlung eingeleitet.

Bei den ersten Untersuchungen, die an mir durchgeführt worden waren, hatte man eine Ovulationsstörung diagnostiziert, die wahrscheinlich auf eine Veränderung in der Hirnanhangsdrüse zurückzuführen war. Der Spiegel eines bestimmten Hormons (Prolaktin) war erhöht, was oft ein Anzeichen für eine gutartige Geschwulst im Bereich der Hirnanhangsdrüse sein kann. Man versuchte eine medikamentöse Behandlung, die aber nicht anschlug.

In jener Zeit wollten wir wieder zurück in die Mission. Harry hatte seine theologische Ausbildung beendet. Da die Entwicklung im Iran jedoch noch immer keine Missionstätigkeit zuließ, hatte uns unsere Missionsgesellschaft eine Arbeit in Pakistan empfohlen.

Nach vielem Überlegen und Gebet kamen wir zu der Überzeugung, daß dies der nächste Schritt war, den Gott für uns vorgesehen hatte. Allerdings gab es ein Problem: ich würde meine Behandlung nicht weiterführen können. Nach Absprache mit meinem Frauenarzt besorgte ich mir von dem Medikament, mit dem ich in dieser Zeit behandelt wurde, einen Vorrat, der sechs Monate reichen würde.

Vielen wird es wahrscheinlich seltsam vorkommen, daß ich bereit war, nach Pakistan zu gehen und dafür meine Behandlung abzubrechen. Vergab ich damit nicht eine große Chance, vielleicht doch noch zu einem Kind zu kommen? Als wir mit den Untersuchungen begannen, hatte für uns bereits festgestanden, daß wir in den Iran zurück wollten, sobald Harrys Ausbildung abgeschlossen war. Deshalb war uns von vorneherein klar, daß die Behandlung zeitlich begrenzt sein würde. Wir hatten ja im Gebet um die Frage gerungen, ob wir ärztliche Hilfe in Anspruch nehmen sollten, und wir hatten unser Leben Gott zur Verfügung gestellt. Dabei hatten wir ihm auch unseren Wunsch nach einer eigenen Familie ausgeliefert. Es wäre uns darum nicht richtig erschienen, die Ausreise nach Pakistan abzulehnen, nur damit ich meine Behandlung in England fortsetzen konnte. Und als wir in Pakistan eingetroffen waren, fanden wir sogar einen englischen Frauenarzt, der kompetent war und bereit, mich weiter zu behandeln, wenn ich es wünschte.

Schon bald nach unserer Ankunft erkrankte ich ziemlich schwer an Amöbenruhr. Man empfahl uns schließlich, zur Behandlung nach Schottland zu fliegen und nicht wieder nach Pakistan zurückzukehren, da ich anscheinend den gesundheitlichen Risiken, die das Leben dort mit sich brachte, von meiner physischen Konstitution her nicht gewachsen war.

Gott führte Harry dann in den Dienst der reformierten schottischen Staatskirche. Ich brauchte eine ganze Weile, bis ich mich gesundheitlich wieder einigermaßen erholt hatte. Danach nahm ich eine Halbtagsstelle in der Praxis eines Allgemeinmediziners an. In dieser Zeit setzte ich mich wieder mit der Klinik in Verbindung. Da inzwischen doch einige Zeit seit meinem letzten Besuch vergangen war, hielt ich es für sinnvoll, neue Untersuchungen durchführen zu lassen.

Diese Untersuchungen (bei denen die bereits erwähnte Kombination aus Ultraschall und Blutuntersuchung angewandt wurde) führten zu der Diagnose, daß mein Zyklus anormal war. Es lag eine verfrühte Ausschüttung des Luteinisierungshormons (LH) vor. Dazu kann es kommen, wenn das Zusammenspiel zwischen Hirnanhangsdrüse und Eierstöcken gestört ist. Die zweite Hälfte meines Zyklus wurde zu früh ausgelöst. Somit blieb dem Ei im Eierstock nicht genügend Zeit, um normal heranzureifen. Dadurch konnte kein normaler Eisprung zustandekommen.

Der Faktor Zeit

Eine korrekte Diagnose ist nicht automatisch eine Garantie für das Zustandekommen einer Schwangerschaft. Aber die Wahrscheinlichkeit wird erheblich größer, wenn man richtig behandelt wird.

Untersuchungen können sehr viel Zeit in Anspruch nehmen. Der weibliche Zyklus, der sich über einen Monat (oder in Einzelfällen noch darüber) erstreckt, muß beobachtet werden. Bestimmte Untersuchungen ziehen sich über mehrere Zyklen hin, und schon bald läuft einem die Zeit davon. Und da die Kapazitäten der betreffenden medizinischen Einrichtungen voll ausgelastet sind, muß bei manchen Untersuchungen mit längeren Wartezeiten gerechnet werden. Schon allein deshalb sollte man sich möglichst früh mit diesen Möglichkeiten auseinandersetzen, um rechtzeitig die erforderlichen Schritte einleiten zu können.

Ursache und Wirkung

Im Laufe der Untersuchungen wird jedes kinderlose Paar feststellen, daß es in eine der vier folgenden Kategorien eingeordnet werden kann:

Zum einen kann die Ursache der Kinderlosigkeit beim Mann liegen. Die Frau kann unfruchtbar sein; es kann eine Störung der Fruchtbarkeit beider Partner vorliegen, oder die Kinderlosigkeit läßt sich rein medizinisch nicht erklären.

Auf den ersten Blick möchte man annehmen, es sei am leichtesten, wenn man in die vierte Kategorie fällt. Nach Beendigung aller Untersuchungen ergibt sich kein medizinischer Befund. Aber wo das der Fall ist, steht das Paar weiterhin vor der unangenehmen Frage: „Warum klappt es dann nicht? Wir versuchen es doch nun schon lange genug." Zurück bleibt ein Gefühl der Verunsicherung und Ungewißheit, und beide fragen sich: „Liegt es nun an mir oder nicht? Die Ärzte sagen zwar, es sei alles in Ordnung, aber irgend etwas stimmt doch nicht, sonst hätten wir schon ein Kind."

Wie bereits erwähnt, handelt es sich bei der Unfruchtbarkeit um ein sehr komplexes Problem, dessen Ursachen und Zusammenhänge noch nicht in vollem Umfang erfaßt sind. Es ist deshalb durchaus möglich, daß die Kinderlosigkeit bei dem einen oder anderen Paar aus dieser vierten Gruppe auf eine Ursache zurückzuführen ist, die wir bei dem gegenwärtigen Stand der Forschung noch nicht feststellen können. Und eine wirkungsvolle Behandlung ist erst möglich, wenn eine eindeutige Diagnose vorliegt. Vielen Paaren dieser Kategorie bietet man heute die In-vitro-Fertilisation (Reagenzglasbefruchtung) an.

Was aber, wenn man aus ethischen oder anderen Gründen eine

In-vitro-Fertilisation ablehnt (vgl. Kapitel 8)? Welche Möglichkeiten bleiben dann? Wie wird man mit dieser Situation fertig?

Dennoch ist die Tatsache, daß keine Fehlbildung oder hormonelle Störung vorliegt und somit auch keine Behandlung eingeleitet werden muß, für viele Paare eine gewaltige Erleichterung. Sie sind beruhigt – und dies kann schon die Spannung und Verkrampfung lösen. Wenn der Druck weicht, läßt auch der Erfolgszwang nach – und allein das kann bereits das Zustandekommen einer Schwangerschaft erleichtern. Für andere Paare dagegen wächst die Anspannung. Sie wollen es jetzt erst recht probieren. Wenn dann nach Monaten, ja sogar Jahren, doch keine Schwangerschaft eintritt, nimmt der Streß fast unerträgliche Ausmaße an. Manche stellen dann auch das Untersuchungsergebnis in Frage: „Die Ärzte müssen sich vertan haben – bei uns ist doch garantiert etwas nicht in Ordnung!"

Beratungsnotstand

Nach Gesprächen mit Paaren, die in diese Kategorie fallen, habe ich den Eindruck gewonnen, daß die Ungewißheit als das größte Problem empfunden wird. Viele sind niedergeschlagen und fühlen sich im Stich gelassen. Sie gingen in die Beratungsstellen, um Hilfe zu suchen, und erhielten sie, aus ihrer Sicht zumindest, nicht. Sie wollten herausfinden, was zu tun sei, damit ihr Kinderwunsch in Erfüllung gehen kann, und man sagte ihnen, es sei alles in Ordnung, für ihre Kinderlosigkeit gebe es keine Erklärung.

Solche Paare bräuchten dringend therapeutische Beratung durch erfahrene Fachleute, aber leider ist dies in den wenigsten Krankenhäusern möglich. Beratung kostet Zeit – und Zeit ist in solchen überlaufenen Institutionen Mangelware.

Manche Paare, deren Untersuchungsergebnis keinen Hinweis auf eine Störung liefert, müssen erst einmal ausreichend über das Thema „Fortpflanzung" aufgeklärt werden. Es ist erstaunlich, daß in einer Gesellschaft wie der unseren, in der so freizügig mit der Sexualität umgegangen wird, viele Leute genauso wenig über Empfängnis Bescheid wissen wie ihre Vorfahren im letzten Jahrhundert, wo alles, was nur im entferntesten mit diesem Thema zu tun hatte, absolut tabu war.

Manche wissen noch nicht einmal, in welche Zeit des Zyklus die fruchtbaren Tage der Frau fallen. Mir fällt dabei ein Paar ein, das mir von seinen verzweifelten Bemühungen, ein Kind zu bekommen, berichtete. Sie beschlossen schließlich, vorläufig auf weitere Versuche zu verzichten, weil sie eine Tätigkeit in Übersee antreten wollten und eine Schwangerschaft in dieser Zeit nicht sinnvoll schien. Einen Monat später war die Frau zu ihrer Überraschung schwanger! Sie hatten gemeint, die fruchtbaren Tage der Frau lägen kurz nach und unmittelbar vor jeder Menstruation. Um eine Schwangerschaft zu vermeiden, hatten sie ihren Geschlechtsverkehr nun auf die übrigen Tage beschränkt. Sie waren von völlig falschen Vorstellungen ausgegangen, denn die fruchtbaren Tage liegen eher in der Mitte eines Zyklus als unmittelbar vor und nach der Menstruation.

Hilfestellung

Die Bestimmung der fruchtbaren Tage

Eine Frau kann um den Zeitpunkt des Eisprungs, bei dem sich das herangereifte Ei vom Eierstock ablöst, ein Kind empfangen. Erst dann kann eine Befruchtung stattfinden. Manche Frauen können diese Phase innerhalb ihres Zyklus nicht ohne Hilfsmittel in Erfahrung bringen.

Bei einem regelmäßigen Zyklus erfolgt die Menstruation immer im gleichen zeitlichen Rhythmus. Das Datum der nächsten Blutung läßt sich in einem solchen Fall problemlos voraussagen und der Zeitpunkt des Eisprungs ziemlich genau bestimmen. Rechnet man vom Beginn der nächsten Periode 14 Tage zurück, erhält man im Normalfall das Datum des Eisprungs. Die fruchtbare Phase beginnt ein bis zwei Tage vorher und endet ungefähr ein bis zwei Tage nach dem Eisprung. (Als Beispiel: Ist die nächste Periode am 18. Juni fällig, liegen die fruchtbaren Tage zwischen dem 2. und 6. Juni.)

Die zweite Methode benutzt eine Temperaturkurve, ist etwas

komplizierter, dafür aber im allgemeinen zuverlässiger. Jeden Morgen muß unmittelbar nach dem Aufwachen die Körpertemperatur (Basaltemperatur) gemessen und auf einer Kurve eingetragen werden. Der Zeitpunkt des Eisprungs läßt sich auf der Kurve an einem Ansteigen der Körpertemperatur ablesen, dem ein Absinken vorausgegangen ist.

Diese Methoden sind allerdings in anderer Hinsicht problematisch. Der Geschlechtsverkehr kann dabei leicht zu einer technischen Notwendigkeit degradiert werden, die mehr vom Kalender bestimmt wird als vom Verlangen der Partner. Es empfiehlt sich, solche Methoden nur über ein paar Monate hinweg zu praktizieren und abzubrechen, wenn es zu keiner Schwangerschaft kommt. Sonst können starke Spannungen entstehen. Der Mann wird sich unter Umständen mit der Zeit wie ein Zuchtbulle vorkommen, und die Frau hat vielleicht kein Verständnis dafür, daß er nicht immer in Stimmung ist, wenn es nach ihren Berechnungen sein müßte.

Bei vielen Paaren dieser Kategorie kommt es dann doch noch zu einer Schwangerschaft. Die beste Art, die Zwischenzeit zu überbrücken, liegt meines Erachtens darin, die Untersuchungsergebnisse wirklich negativ zu deuten. Man sollte tatsächlich davon ausgehen, daß die Wahrscheinlichkeit einer Schwangerschaft sehr gering ist, und sich das Leben entsprechend einrichten. Wenn dann doch eine Schwangerschaft eintritt, ist das eine angenehme Überraschung. Aber man muß nicht ständig in der Ungewißheit leben und bei allen Schritten überlegen: „Wenn aber doch..."

Spermiogramm

Wenn das Fruchtbarkeitsproblem beim Mann liegt, läßt sich die Diagnose leicht stellen. Ein Spermiogramm ist schnell durchgeführt, und das Ergebnis liegt unmittelbar danach vor. Ist das Resultat positiv (Unterschreitung der Mindestzahl oder völliges Fehlen befruchtungsfähiger Samenzellen), sollte nach ein paar Wochen die Untersuchung noch einmal wiederholt werden. Bei gravierenden Mißbildungen oder Verletzungen der Hoden (was sich auch in unterdurchschnittlicher Konzentration oder völligem Fehlen von Samenzellen im Sperma äußert) führt eine Behandlung in den seltensten Fällen zum Erfolg. Hormongaben können die Produktion von Samenzellen zwar anregen, aber die Zeugungsfähigkeit wird in der Regel dadurch nicht erreicht.

Ein Krampfaderbruch der Hoden dagegen kann durch einen einfachen operativen Eingriff behoben werden, was sich im Spermiogramm in einem deutlich meßbaren Ansteigen der Werte niederschlägt.

Wo sich keine offensichtliche Erklärung für eine unzureichende Samenproduktion oder -beschaffenheit finden läßt, können unter Umständen ein paar einfache Ratschläge und Maßnahmen Abhilfe schaffen. Samenzellen sind sehr wärmeempfindlich. Wenn sie übermäßiger Hitze ausgesetzt sind, können sie abgetötet oder zumindest in ihrer Beweglichkeit beeinträchtigt werden. Aus diesem Grunde können schon so einfache Maßnahmen wie das Vermeiden ausgiebiger, heißer Bäder oder des Tragens zu enger Unterwäsche oder engsitzender Hosen das Ergebnis des Spermiogramms günstig beeinflussen, weil dadurch Wärmeschäden ausgeschaltet werden. Normalerweise wird ein Spermiogramm nicht durch zu heiße Bäder oder zu enge Hosen beeinflußt. Wo aber die Ergebnisse ohnehin schon an der unteren Grenze liegen, können auch solche geringfügigen Einflüsse den Ausschlag geben.

Viele Paare stellen sich die Frage, ob die Häufigkeit des Geschlechtsverkehrs Auswirkungen auf die Samenproduktion hat. Sowohl allzu häufiger als auch unregelmäßiger Geschlechtsverkehr können ein bereits schlechtes Resultat noch zusätzlich ungünstig beeinflussen. Wenn das Ergebnis des Spermiogramms bereits an der Untergrenze liegt, empfehlen die meisten Fachärzte, nicht öfter als zwei- bis dreimal pro Woche Verkehr zu haben. Dies soll jedoch nur als grober Anhaltspunkt, keinesfalls als Regel verstanden werden.

Wo der Mann überhaupt keinen Samen produziert, gibt es aus medizinischer Sicht nur eine Möglichkeit – die sogenannte heterologe Insemination (künstliche Befruchtung mit Spendersamen). Anonym gespendeter Samen wird eingefroren und zum Zweck der künstlichen Befruchtung bereitgehalten.

Künstliche Befruchtung mit Spendersamen (Heterologe Insemination)

Bei der heterologen Insemination wird der Samen eines Spenders bei Unfruchtbarkeit des Ehemanns in das hintere Scheidengewölbe der Frau eingebracht. Diese Methode ist an sich sehr erfolgversprechend, weil es häufig auch zu einer Befruchtung kommt. Aus ethischer Sicht ist sie allerdings problematisch. (Diese Frage wird an anderer Stelle noch ausführlicher behandelt.) Der gespendete Samen wird zwar auf gravierende genetische Anomalien hin untersucht, aber es lassen sich dabei nicht alle Erbschäden oder genetisch bedingten Störungen feststellen. Ein gewisses Restrisiko bleibt. Ein anderes Risiko liegt in einer möglichen AIDS-Infektion, da das AIDS-Virus durch Sperma übertragen werden kann. In Australien sind einige Fälle bekannt geworden, bei denen es im Rahmen einer heterologen Insemination zur Übertragung des Virus kam. Vielen Frauen wird diese Methode als zu riskant erscheinen, solange sich nicht alle Samenspender einem AIDS-Test unterziehen müssen.

Künstliche Befruchtung mit dem Samen des Partners (Homologe Insemination)

Wo die Fortpflanzungsfähigkeit der Frau gestört ist, ergeben sich von Diagnose und Therapie her die größeren Schwierigkeiten. Die Ursachen fallen in zwei große Bereiche: zum einen können Ei- und Samenzelle nicht zusammenkommen, zum anderen kann die Funktion der Eierstöcke dahingehend gestört sein, daß überhaupt keine Eier heranreifen oder kein Eisprung stattfindet.

Wo eine Unverträglichkeit des Zervixschleims vorliegt (vgl. Kap. 5), ist die künstliche Befruchtung mit dem Samen des Partners am gebräuchlichsten. Samenzellen des Mannes werden dabei mit Hilfe eines winzigen Röhrchens durch den Muttermund direkt in die Gebärmutterhöhle eingebracht. Dadurch wird ein Kontakt mit dem Zervixschleim vermieden. Der Eingriff erfolgt zum Zeitpunkt des Eisprungs. Kommt es danach nicht gleich zur Befruchtung, empfiehlt sich eine Wiederholung über mehrere Zyklen hin. Diese Behandlungsmethode ist recht einfach und ohne Risiko.

christl. Literatur A-Z

Reihe

Mary Healyea
„Wir hatten so gerne ein Kind"

Autor, Titel

ISBN 3/7655/2444/	1 Aufl.	ersch.
Verlag Brunnen		Verk. Nr.
		17.80 Preis DM

Ergänzen	Mindestlager	Fortsetzung	Erhöht um

Nachbestellt am:
3/3/89

Aus meiner Sicht ist gegen die homologe Insemination nichts einzuwenden – auch für Christen sehe ich dabei keine schwerwiegenden ethischen Konflikte. Im Grunde genommen ermöglicht man bei diesem Verfahren den Samenzellen ja nur die Überwindung eines mechanischen Hindernisses (der Schleimpfropf am Gebärmutterhals). Es stellt keinen Eingriff in die eheliche Gemeinschaft dar, und ein Kind, das auf diesem Wege empfangen wird, ist in jeder Hinsicht das Kind beider Partner.

Für manche Paare ist die Vorstellung befremdend, daß bei einer künstlichen Befruchtung eine dritte Person in die intime Zweierbeziehung eindringt, um die Zeugung eines Kindes zu ermöglichen. Man könnte dagegenhalten, daß das Eingreifen Dritter in den Zeugungsakt im Grunde genommen bei jeder Form der Schwangerschaftsbehandlung notwendig ist. Einige halten daran fest, daß der Geschlechtsverkehr zwischen Mann und Frau der einzige gottgewollte Weg zur Zeugung von Kindern ist. Jedes Paar wird für sich selbst entscheiden müssen, wie weit es gehen kann, ohne in Gewissenskonflikte zu geraten. Auf jeden Fall sollte niemand zu einem solchen Schritt überredet werden, der nicht innerlich die nötige Freiheit besitzt.

Wenn ein Eileiterverschluß das Zusammentreffen von Ei- und Samenzelle verhindert, kommen zwei Möglichkeiten in Betracht: ein operativer Eingriff oder eine In-vitro-Fertilisation (Reagenzglasbefruchtung).

Bei der ersten Möglichkeit handelt es sich um einen größeren operativen Eingriff. Da die Eileiter winzige Organe sind, erfordert die Behandlung sehr viel Geschick und große Sorgfalt von seiten des Operierenden. Selbst wenn es gelingt, den Verschluß zu beheben, kann der Eileiter bei diesem Eingriff so beschädigt werden, daß er danach seine eigentliche Funktion immer noch nicht erfüllen kann. Die Erfolgsquote ist bei diesem Eingriff nicht sehr hoch, und das Risiko, das eine Operation im Bauchraum generell mit sich bringt, sollte, neben dem einer Vollnarkose, bedacht werden.

Reagenzglasbefruchtung (In-vitro-Fertilisation)

Die zweite Methode bei dieser Fruchtbarkeitsstörung ist die Reagenzglasbefruchtung. Bei diesem Stichwort schlagen die Wellen der Emotionen meist hoch – das Thema wird leidenschaftlich und kontrovers diskutiert. Die einen fordern ein Verbot des gesamten Verfahrens (oder einzelner Schritte), die anderen sehen darin den einzigen Weg, um bestimmten Paaren zu einem eigenen Kind zu verhelfen und das Leid der Kinderlosigkeit zu lindern. Da das Thema gewaltige Emotionen aufrührt, diskutiert man in beiden Lagern zwar heftig, dafür häufig aber auch ohne ausreichende Kenntnisse über das Verfahren an sich und die Bedeutung, die es für kinderlose Paare haben kann. Man fordert ein generelles Verbot, wo vielleicht Sicherheitsvorkehrungen oder Einschränkungen bei einzelnen Schritten oder Stadien völlig ausreichend wären. Oder man begünstigt eine Haltung, wo „der Zweck die Mittel heiligt" und der Blick für die ethische und moralische Problematik verlorengeht (vgl. dazu Kapitel 8).

Der Gedanke an Retortenbabys und die moderne Reproduktionsmedizin ruft bei vielen Menschen Gedanken an Horrorszenen wach, in denen Frankensteins Gehilfen Lebewesen oder sogar kleine Monster entstehen lassen. Die Realität sieht anders aus. Ärzte und Wissenschaftler ermöglichen das Zusammentreffen von Ei- und Samenzellen außerhalb des Körpers. Danach wird das befruchtete Ei wieder in die Gebärmutter der Frau implantiert, in der Hoffnung, daß es sich dort einnistet und normal weiterentwickelt. Dadurch läßt sich das Hindernis, das ein undurchlässiger Eileiter darstellt, überwinden.

Die populäre Bezeichnung „Retorte" rührt von der Besonderheit her, daß die Befruchtung des Eies außerhalb des Körpers stattfindet. „In vitro" bedeutet an sich „im Reagenzglas". Bei diesem Vorgang werden Laborgeräte wie Reagenzglas, Petrischale und Mikroskop benötigt.

Für viele Kritiker ergeben sich ethische Probleme aus dem Umstand,daß bei diesem Verfahren überzählige Embryonen entstehen, die Wissenschaftler gerne für Forschungszwecke und weitere Experimente benutzen würden. Und selbst wenn diese

Embryonen nicht für die Forschung freigegeben werden, stellt sich die Frage nach ihrem weiteren Schicksal. Was geschieht mit ihnen? Für die Reagenzglasbefruchtung werden aus dem Eierstock der Frau jeweils mehrere Eier entnommen, mit dem Ziel, möglichst viele davon zu befruchten. Drei oder vier dieser befruchteten Eier werden wieder in die Gebärmutter der Frau implantiert. Es können also mehrere Embryonen übrigbleiben. Eine Implantation aller Embryonen brächte das Risiko einer Mehrlingsschwangerschaft und einer stärkeren Neigung zu Fehlgeburten mit sich. Als Alternative bleiben die Vernichtung der Embryonen oder die Lagerung in tiefgefrorenem Zustand.

Die Erfolgsquote bei Reagenzglasbefruchtungen ist relativ niedrig – sie liegt zwischen 10 und 15 %, in Zentren mit längerer Erfahrung auch bis zu 20 %. Die Spezialisten sind bemüht, die Erfolgschancen beim ersten Versuch so zu verbessern, daß sich eine Frau im Idealfall dieser Prozedur nur einmal unterziehen muß.

Nach entsprechender hormoneller Vorbereitung werden durch Punktion unter Ultraschallsicht aus den Eierstöcken der Frau mehrere befruchtungsfähige Eizellen entnommen. Bei Entnahme von nur ein oder zwei Eiern ist das Risiko, daß es zu keiner Befruchtung kommt, sehr groß, und es muß erst eine weitere Punktion durchgeführt werden, bevor ein erneuter Versuch unternommen werden kann. Um unnötige Eingriffe zu vermeiden, werden die Eierstöcke, die im Normalfall pro Monat nur ein Ei heranreifen lassen, durch Hormongaben zu einer erhöhten Produktion angeregt. Dadurch können bis zu sieben Eiern entnommen werden, von denen im günstigsten Fall drei oder vier tatsächlich befruchtet werden. Probleme entstehen dann, wenn die Befruchtung aller entnommener Eizellen gelingt.

Wie die Erfahrung zeigt, ist die Chance, daß sich ein oder zwei Eier auch einnisten, dann am größten, wenn drei bis vier befruchtete Eier in die Gebärmutter implantiert werden. Die Anwesenheit mehrerer Eier scheint sich günstig auf die Bereitschaft zum Einnisten auszuwirken. (Vielleicht erhöht sich dadurch auch nur rein numerisch die Wahrscheinlichkeit.) Das Einnisten des Eies in die Gebärmutterschleimhaut ist ein nicht kalkulierbarer Faktor, den die Ärzte kaum unter Kontrolle bekommen können. Die Entnahme von sechs Eiern bei der Punktion schafft für die meisten Frauen die besten Voraussetzungen für eine Schwangerschaft.

Auf den ersten Blick scheint es naheliegend, dann auch alle sechs befruchteten Eier zu implantieren. Aber dadurch entsteht ein neues Problem: bei sechs implantierten Eiern erhöht sich das Risiko, daß sich mehr als ein oder zwei davon in die Gebärmutterschleimhaut einnisten, und die Folge wäre eine Mehrlingsschwangerschaft. Je größer die Anzahl der eingenisteten Eier, desto geringer die Wahrscheinlichkeit, daß die Schwangerschaft normal verläuft. Die Neigung zu Fehl- oder Frühgeburten mit nicht lebensfähigen Babys nimmt dabei zu. Eine solcherart behandelte Frau macht dann die ganze Prozedur der Befruchtung, eine kurze Schwangerschaft und eine Fehlgeburt durch – für nichts. Diese Erfahrung kann zu einer schweren seelischen Belastung führen.

Wenn die ethischen Probleme der Reagenzglasbefruchtung zufriedenstellend gelöst werden könnten, wäre das Verfahren unter Umständen eine große Chance für Frauen, die sonst nicht zu eigenen Kindern kommen können.

Die Fruchtbarkeitsdroge

Schließlich gibt es noch Behandlungsmethoden für die Fälle, in denen kein befruchtungsfähiges Ei produziert wird. So kann z. B. ein kleiner gutartiger Tumor an der Hirnanhangsdrüse zu einer verstärkten Ausschüttung des Hormons Prolaktin führen. Dadurch wird der Eisprung verhindert. Hier gibt es zwei Möglichkeiten: die Entfernung des Tumors oder die Verabreichung des Wirkstoffs Bromocriptin. Dadurch wird der Prolaktinspiegel gesenkt und ein Eisprung wieder ermöglicht. Hat die unzureichende Eierstockfunktion andere Ursachen, kann sie durch ein anderes, Clomiphenhaltiges Präparat stimuliert werden. Bei diesen Medikamenten sprach man gelegentlich von regelrechten „Fruchtbarkeitsdrogen", weil es nach einer Behandlung in manchen Fällen zu Mehrlingsschwangerschaften kam (bis hin zu Sechslingen). Durch genaue Kontrollüberwachung und exakte Anpassung der Dosis an die individuellen Bedürfnisse der jeweiligen Patientin ist das Risiko, daß sich mehr als eine befruchtete Eizelle auf einmal einnistet, heute aber nur noch gering.

Je komplizierter die Störung, desto aufwendiger die Behandlung. In manchen Fällen liegt eine Eierstockfunktion vor, die allerdings weder regelmäßig noch ausreichend ist. Hier kann eine Kombinationstherapie aus Hormonspritzen, Ultraschallaufnahmen und Blutuntersuchungen angezeigt sein. Ist das Ausbleiben des Eisprungs in anderer Weise hormonell bedingt, kann der Spiegel des betreffenden Hormons durch Injektionen auf das normale Niveau gebracht werden.

Wann sollte Schluß sein?

Die geschilderten Methoden weisen alle unterschiedliche Erfolgsquoten auf und erfordern von der Patientin ein unterschiedliches Maß an Einsatz und Ausdauer. Es gibt heute nur noch wenige Fälle, in denen gar keine Behandlungsmöglichkeit besteht. Einem Paar, bei dem keine offensichtlichen Störungen diagnostiziert werden können, wird man mittlerweile häufig eine Reagenzglasbefruchtung anbieten. Für Christen stellt sich die Frage: „Wie weit können wir bei unserem Bemühen, zu einem eigenen Kind zu kommen, gehen?"

Eine meiner Freundinnen unterzog sich allen möglichen Untersuchungen, ließ sich anschließend – ohne Erfolg – behandeln und mußte am Ende doch hören, daß sie niemals Kinder haben würde. (Damals war eine Retortenbefruchtung noch nicht möglich.) Sie und ihr Mann hatten große Mühe, dieses endgültige Urteil zu akzeptieren, aber mit Gottes Hilfe gelang es ihnen schließlich doch, ein „Ja" dazu zu finden. Sie entschlossen sich zur Adoption eines Kindes, stellten einen Antrag und bekamen dann sogar zwei Adoptivkinder. (Damals war die Adoption allerdings noch einfacher als heute.) Sie fanden sich sehr gut mit der neuen Situation zurecht und sind heute eine glückliche Familie. Als ich sie einmal auf ihre Unfruchtbarkeit und ihre diesbezüglichen Gefühle ansprach, meinte sie: „Der Herr hat mich durch die Gabe dieser zwei Kinder so vollkommen heil gemacht, daß ich mich an den früheren Schmerz kaum noch erinnern kann."

Ich beneidete sie in vielerlei Hinsicht. Ich hatte den Eindruck, es wäre auch mir leichter gefallen, mit allem fertig zu werden, wenn ich definitiv gewußt hätte, daß ich keine Kinder bekommen konnte. Ich hätte in einem einzigen, schmerzhaften Prozeß Kummer und Enttäuschung verarbeiten und mich wieder dem Leben zuwenden können. Adoption oder das Akzeptieren unserer Kinderlosigkeit wären dann die Alternativen gewesen. So aber schienen die schier endlosen Behandlungsversuche die Qual nur zu verlängern – jedesmal neue Hoffnung, jedesmal das Durcheinander im Hormonhaushalt, jedesmal die bittere Enttäuschung, wenn das Ergebnis wieder negativ war.

Wenn man sich erst einmal auf eine Behandlung eingelassen hat, ist es sehr schwer, den rechten Zeitpunkt zu bestimmen, an dem man „Halt, es reicht!" sagen sollte – es sei denn, es gibt zwingende Gründe. Ständig denkt man: „Vielleicht wirkt das neue Medikament beim nächsten Mal richtig." Bei all den Mühen und Strapazen, die man bislang auf sich genommen hat, würde ein Abbruch der Therapie alles, was man bislang an Kraft, Zeit, emotionaler Energie, Geld und Mühe investiert hat, als reine Verschwendung erscheinen lassen.

Zwangsläufig wird das ganze Leben von einer Behandlung zu einem erheblichen Grad bestimmt und eingeschränkt, vor allem, wenn sie aufwendig ist, mit vielen Spritzen und Krankenhausterminen. Es ist einfach unmöglich, das Problem aus dem Bewußtsein zu verbannen, und diese Allgegenwart kann sich auf Mann und Frau, und oft auch auf ihre Ehe, sehr belastend auswirken.

Statt daß ihre Beziehung sich weiterentwickelt und reift, tritt sie auf der Stelle. Die Ehe, in der sich normalerweise das Leben in seiner ganzen Fülle widerspiegeln sollte, wird auf einen einzigen Aspekt reduziert – den Wunsch nach Nachkommen. Mann oder Frau gewinnen langsam den Eindruck, sie könnten dem Partner nicht mehr genügen oder von ihm nicht mehr zufriedengestellt werden. Eine Ehe ohne Kinder ist in ihren Augen keine richtige Ehe. In eine solche Ehe kann sich Unzufriedenheit einnisten und wie ein Krebsgeschwür zu wuchern beginnen.

Individuelle Entscheidungen

Jedes Paar sollte irgendwann an den Punkt kommen, wo es einen Schlußstrich ziehen möchte: „Bis hierher und nicht weiter!“ Diese Entscheidung bedeutet in keiner Weise, daß die bisherige Behandlung eine Vergeudung von Zeit und Kraft war. Man hat versucht, zu einem eigenen Kind zu kommen, ist aber jetzt da angelangt, wo man akzeptiert, daß die bisherigen Therapien fehlgeschlagen sind. Man ist bereit, das Ergebnis anzunehmen, und will lernen, damit zu leben. Man kann nicht unbegrenzt die psychische Anspannung aushalten, die solche Untersuchungen und Behandlungen mit sich bringen.

Manche Ärzte glauben, ihren Patientinnen etwas Gutes zu tun, wenn sie ihnen immer wieder Hoffnung machen und nach neuen Wegen der Therapie suchen. Aber falsche Hoffnungen sind grausamer als gar keine Hoffnung. Irgendwann kommt der Tag, an dem man Bilanz ziehen und der Tatsache ins Auge sehen muß, daß die Behandlung wahrscheinlich ohne Erfolg bleiben wird. Wann die Zeit für diese Entscheidung reif ist, muß jedes Paar individuell für sich erkennen.

Zwischen Hoffen und Bangen

Nachdem die Ursache meiner Unfruchtbarkeit diagnostiziert war, wurde mir eine Behandlung empfohlen, die in ähnlich gelagerten Fällen bereits erfolgreich war. Sie würde, wie man mir von vorneherein klarmachte, mit erheblichem Aufwand verbunden sein und mir einiges abverlangen: tägliche Medikamenteneinnahme, Spritzen und regelmäßige Ultraschalluntersuchungen. Wir überlegten es uns gründlich, bevor wir uns entschlossen, zumindest ein paar Monate lang den Versuch zu wagen.

Ich hielt mich genau an die Anweisungen der Ärzte, war aber schon nahe daran, ein Ende der Behandlung zu erwägen, als ich zu meiner Überraschung feststellte, daß ich schwanger war. Ich konnte es nicht fassen. Wir waren beide aus dem Häuschen und dankten Gott unaufhörlich dafür, daß er unsere Gebete auf so wunderbare Weise erhört hatte. Ich war so glücklich, daß ich Übelkeit und Müdigkeit gerne in Kauf nahm.

Endlich schwanger

In der achten Schwangerschaftswoche mußte ich zur Ultraschalluntersuchung; alles war in Ordnung, bis hin zum Herzschlag des winzigen Lebewesens. Ich war außer mir vor Freude. In der zwölften Woche war die erste routinemäßige Vorsorgeuntersuchung fällig. Dabei sollte eine weitere Ultraschallaufnahme gemacht werden, deren Ergebnis wir noch abwarten wollten, bevor wir die freudige Nachricht in unserem Freundeskreis bekanntgaben.

Der Tag der ersten Kontrolluntersuchung rückte näher. Ich fühlte mich prächtig und freute mich schon darauf, die gute Nachricht weitersagen zu können.

Sowohl meine Mutter als auch Harry hatten mir angeboten, mich ins Krankenhaus zu fahren. „Danke, das ist nicht nötig. Es ist eine reine Routinesache und dauert nicht lange", hatte ich abgewehrt. Doch während der Fahrt schoß mir plötzlich der Gedanke durch den Kopf: „Und wenn du das Kind verlierst, was dann?" Mich schauderte bei der Vorstellung. „Das kann nicht sein", sagte ich mir. „Gott hat es so wunderbar eingerichtet, gerade zur rechten Zeit. Mir geht es gut, und es ist doch eine eindeutige Gebetserhörung. Gott wird nicht zulassen, daß etwas schiefläuft."

Aber der Gedanke wich nicht mehr aus meinem Sinn. So versuchte ich mich mit ihm auseinanderzusetzen. Ich begann mich zu fragen: „Was ist wichtiger für mich – das Kind oder meine Beziehung zu Gott?" Und ich konnte antworten: „Gott ist für mich noch wichtiger." Ich machte aus meinen Gedanken ein Gebet: „Herr, meine Beziehung zu dir ist für mich das Wichtigste. Ich habe dich lieb – mehr als irgend jemanden oder irgend etwas. Du bedeutest mir mehr als mein Kind." Ich konnte nicht ahnen, auf welche Probe ich durch die bevorstehenden Ereignisse gestellt werden würde.

Ich kam wohlbehalten in der Klinik an und wurde wie gewohnt untersucht. Mir fiel auf, daß die Hebamme, die die Ultraschallaufnahme machte, sehr lange brauchte, um ein deutliches Bild von dem Kind zu bekommen. Ich versuchte, über ihre Schulter hinweg auf den Monitor zu spähen, um mitzubekommen, was da vor sich ging. Allmählich wurde mir bange. Das war doch eine ganz normale Untersuchung. Oder gab es ein Problem?

Ein Arzt wurde gerufen, und meine wachsenden Befürchtungen bestätigten sich. Er schaute mich an und versuchte, mir die Nachricht möglichst schonend beizubringen: „Es tut mir sehr leid, aber es sieht so aus, als ob ihr Baby tot ist."

Enttäuschte Hoffnungen

Es ist erstaunlich, wie tiefgreifend sich ein Leben innerhalb eines Augenblicks verändern kann. Bei diesen paar Worten brach für mich eine Welt zusammen. Ich war wie benommen. Wie im Traum fuhr ich zurück nach Hause. Zum Glück war Harry da. Ich warf mich in seine Arme, unfähig, meine Gefühle noch weiter unter Kontrolle zu halten, und ließ meinen Tränen freien Lauf. Es war, als hätte man eine Schleuse geöffnet. Ein paar Worte, in wenigen Sekunden ausgesprochen, hatten meine Träume und Hoffnungen zunichte gemacht.

Zuerst konnte ich nur weinen, weinen, weinen. Dann begann ich, meine Gedanken in Worte zu fassen: „Warum, Herr? Wie konntest du mir das antun? Warum hast du dann überhaupt erst zugelassen, daß ich schwanger wurde? Ich hatte mich schon fast damit abgefunden, daß die Behandlung nicht angeschlagen hatte. Ich war eigentlich ganz glücklich und zufrieden, bis du dies zugelassen hast."

Schreckliche Angst erfaßte mich. Der Schlag erschien mir unendlich grausam. Gott war der Herr meines Lebens, und darum – so dachte ich – hatte auch er mir das angetan. Der Gedanke, Gott könnte ein grausamer Gott sein, war furchtbar. Ich hatte geglaubt, zu wissen, wie Gott ist, und hatte ihm vertraut. Nun überwältigte mich der Schmerz, und meine Gedanken waren wirr und unkontrollierbar.

Die Vorstellung, am nächsten Tag im Krankenhaus den abgestorbenen Fötus entfernen lassen zu müssen, war unerträglich. Aber ich werde nie das überwältigende Gefühl der Gegenwart Gottes vergessen, das ich merkwürdigerweise dabei empfand. Obwohl ich ihn in meinem Inneren anklagte, mit ihm haderte und über seine offensichtliche Grausamkeit erzürnt war, spürte ich doch seine fürsorgende Nähe. Mir war, als würde ich auf seinen Armen durch diese Tage hindurchgetragen. Als ich aus der Narkose erwachte, erfüllte mich ein geradezu überirdischer Friede. Dieser Friede war ein Geschenk Gottes.

Im Stich gelassen?

Dennoch war ich noch Tage nach meiner Entlassung aus dem Krankenhaus völlig durcheinander. Das Schlimmste war dabei nicht der Verlust meines Babys an sich, sondern das Gefühl, von Gott irgendwie im Stich gelassen worden zu sein. Es ist schlimm genug, wenn einen der Mann oder gute Freunde im Stich lassen. Aber wenn Gott es tut, dann ist das etwas ganz anderes. Wie sollte ich damit fertig werden?

Ich versuchte mit mir selbst zu argumentieren: „Wenn ich wenigstens verstehen könnte, weshalb es passiert ist! Dann wäre ich in der Lage, damit in der rechten Weise umzugehen."

Trotz des wunderschönen Frühlingswetters waren meine Tage dunkel und trübe. Ich glaubte, niemals wieder Freude und Glück empfinden zu können. Die Erfahrung der Depression war für mich neu. Ich hatte mich zwar auch in der Vergangenheit ab und zu niedergeschlagen und bedrückt gefühlt, aber dies war etwas anderes. Zum ersten Mal bekam ich eine Ahnung davon, wie depressiven Menschen zumute sein muß.

In der Vergangenheit war ich, wenn ich traurig war oder mit Schwierigkeiten zu kämpfen hatte, immer sofort zu Gott geeilt, um bei ihm Trost und Hilfe zu finden. Jetzt aber war ich mir nicht mehr sicher, ob Gott mir helfen würde. Wie sollte ich ihm nach all dem jemals wieder vertrauen können? Ich war zornig und verbittert über die Art und Weise, wie er mit mir umgegangen war.

Mir kamen wieder die Gedanken in den Sinn, die mich auf dem Weg ins Krankenhaus umgetrieben hatten. Ich erinnerte mich an mein Gebet: „Herr, ich habe dich lieber als mein Baby – du bedeutest mir noch mehr." Hatte ich aufrichtig gebetet und auch wirklich gemeint, was ich sagte? Oder waren das alles nur leere Worte gewesen, die ich nur deshalb gesprochen hatte, weil ich zuversichtlich war, daß Gott mir niemals mein Baby nehmen würde?

Im Strudel des Selbstmitleids

Während meiner kurzen Schwangerschaft war ich beim täglichen Bibellesen ständig auf Verse gestoßen, die mich zum Vertrauen auf Gott ermutigten. Diese Worte waren auf meine Situation anwendbar gewesen, und ich hatte sie auch ganz persönlich genommen. Ich hatte sie so interpretiert, daß alles gut werden und die Schwangerschaft erfolgreich verlaufen würde. Und nun, wo ich die Kraft und den Trost solcher Worte nötiger hatte als je zuvor, war ich innerlich so in Aufruhr, daß ich außer meinem eigenen Kummer und Leid nichts mehr wahrnehmen konnte. Ich lief Gefahr, in einen Strudel des Selbstmitleids zu geraten und von dem Sog in die Tiefe gerissen zu werden.

Aber Gott war gnädig und machte mir bewußt, was da mit mir passierte. Dies geschah sicher aufgrund der Gebete, mit denen Harry und viele unserer Freunde mich begleiteten. Harry ist ja Pfarrer, und mir war, als predigte er in dieser Zeit nur für mich. (Was natürlich so nicht der Fall war.) Gott begann mein verhärtetes Herz wieder anzurühren.

Trotz aller Gedanken der Auflehnung wußte ich doch immer, daß ich mich letztlich nur zu Gott wenden konnte. Und tief in meinem Innern wußte ich auch genau, daß er mich liebte. Ich ahnte, daß der Gott, dem ich zwanzig Jahre lang nachgefolgt war, mich weder verlassen hatte noch jetzt im Stich lassen würde.

In dieser Zeit las ich das Buch „Der Preis der Nachfolge“ von John White. Es drückte genau das aus, was Gott mir in liebevoller Absicht beizubringen begann. Dort heißt es:

„Während ich leide, sage ich also Dank. Ich danke nicht für Leiden (Gott übt mich nicht im Masochismus), sondern im Leiden. Ich danke ihm dafür, daß seine Gnade alles einschließt. Ich danke ihm dafür, daß er das Leiden in den Dienst seines Handelns in meinem Leben stellen kann. Und ich danke Gott dafür, daß er aus eigener persönlicher Erfahrung versteht, wie ich mich fühle, weil Jesus als Mensch mehr gelitten hat, als ich je leiden werde.

Und während ich ihn preise und ihm danke, bemerke ich zwei Dinge. Das Leiden wird abgeschwächt. Es verringert sich, weil die Angst und Furcht, die mit ihm verbunden waren, verschwunden sind. (Friede im Leiden verringert seine Intensität.) Zusätzlich entsteht Hoffnung sowie ein Gefühl für den Sinn des Leidens. Ich bin fast gespannt bei dem Gedanken, daß es sich zu meinem Besten wenden wird. Ich mache mir keine Gedanken mehr darüber, wie ich das Leiden ertragen kann. Das Leiden wird eine Art Wagen, auf dem ich zu neuen Gefilden des Lebens fahre."

Gottes Gedanken der Liebe

Vielleicht würde ich niemals verstehen, weshalb mir das alles widerfahren war; den Sinn mancher Leidenswege erfahren wir wohl erst in der Ewigkeit. Aber ich begann allmählich zu erkennen und zu glauben, daß Gott bei allem, was er mir begegnen ließ, eine Absicht verfolgte. Und mehr noch: Ich begann zu glauben, daß hinter dieser Absicht Liebe stand.

Obwohl ich Gott als grausam empfand, wußte ich doch genau, daß mir keine andere Wahl blieb, als bei ihm Hilfe zu suchen. Und das machte mich zunächst wütend. Ich wußte auch, daß ich schon viel zu lange eine gläubige Christin war, um meinen Glauben über Bord werfen zu können. Dazu bedeutete er mir zuviel. Und doch stieß ich mich an der Tatsache, daß ich keine andere Wahl hatte – außer Gott gab es niemanden, an den ich mich wenden konnte.

Dann begriff ich, daß nicht ich diejenige war, die keine Alternative hatte: Gott selbst hatte keine andere Wahl, weil er mich als sein Kind angenommen hatte. Was auch immer geschehen mochte, er würde nicht aufhören, mich weiterhin zu lieben, genauso wie ein Vater seine Kinder liebt, egal, was kommt. Gott mochte vielleicht mitunter enttäuscht oder sogar zornig über mich sein, aber er hatte versprochen, mich zu lieben. Und da seine Verheißungen klar und deutlich in der Bibel nachzulesen sind, mußte er sich nun auch mit mir herumschlagen. Dieser Gedanke blieb nicht ohne einen gewissen Reiz und wurde am Ende zum Schlüssel, der mich aus dem selbstgewählten Gefängnis der Distanz von Gott befreite.

Im Rückblick auf die vergangenen Jahre wurde mir bewußt,

in welcher Weise Gott für mich gesorgt, mich beschützt, geleitet und geliebt hatte. Mir wurde auch all das Gute deutlich vor Augen gestellt, das er mir geschenkt hatte – einen wunderbaren Mann, ein Heim, Gesundheit, Kraft und Freunde, denen wirklich etwas an mir lag. Und in dem Maße, in dem ich in dieser Richtung zu denken begann, wurde die Frage nach dem „Warum" immer unwichtiger. Bis ich wieder aufrichtig die Worte wiederholen konnte, die ich im Auto gesprochen hatte: „Ja, Herr, ich habe dich lieber als irgendeinen Menschen, lieber sogar als mein Baby. Auch wenn ich das alles nicht begreifen kann, vertraue ich dir immer noch."

Vertrauen in dunkelster Nacht

Ich erkannte nun auch, daß das Thema „Gott vertrauen", das meine tägliche Bibellektüre während der kurzen Schwangerschaft wie ein roter Faden durchzogen hatte, noch genauso wichtig war wie vorher. Ich muß Gott in der Stunde tiefster Not vertrauen. Jetzt konnte ich sehen, daß die Gedanken, die mich auf der Fahrt zur Klinik so beschäftigt hatten, Gottes behutsame Vorbereitung auf das gewesen waren, was auf mich zukommen sollte.

Kummer und Schmerz verschwanden daraufhin nicht über Nacht. Mich erwarteten noch viele dunkle Stunden, aber es bewahrheitete sich auch, daß Gottes Gnade „genügt". Ich lernte, mich an Gott zu halten und seinen Plan für mein Leben zu akzeptieren. Manchmal konnte ich mir nicht vorstellen, wie die Wunden jemals heilen würden. Aber bei Gott sind alle Dinge möglich. Kein Herz kann so gebrochen sein, daß Gott es nicht wieder heilen könnte, wie der Psalmist in Psalm 147,3 bezeugt: „Er heilt die zerbrochenen Herzens sind und verbindet ihre Wunden..."

Mitten in Kummer und Schmerz sagt man sich: „Ich werde nie mehr glücklich sein können. Der Schmerz ist zu groß, als daß ich je darüber hinwegkommen könnte." Und in gewissem Sinn erholt man sich auch nicht – aber man lernt, damit fertig zu werden und den Schmerz anzunehmen. Dann kann der Heilungsprozeß in unserem Inneren beginnen.

Umgang mit dem Verlust

Es ist nun über ein Jahr her, daß ich mein Baby verloren habe. Zu gewissen Zeiten und in gewissen Situationen war es sehr schwierig. So z. B. um den Tag herum, auf den die Geburt hätte fallen sollen. Der Anblick schwangerer Frauen auf der Straße war mir fast unerträglich. Wenn ich einkaufen ging, schienen sich alle werdenden Mütter der Stadt in den Geschäften zusammenzufinden, in denen ich zu tun hatte. Ganz besonders schmerzlich war es, wenn ihre Schwangerschaft in dem Stadium war, in dem auch ich mich befunden hätte, wenn mein Baby am Leben geblieben wäre.

Gedankenlose Bemerkungen von Freunden, die es gut meinten, schmerzten besonders. Die Leute nahmen anscheinend an, das Ganze sei nur ein kleines Mißgeschick, über das man in ein paar Wochen hinweg ist. Wenige Monate nachdem ich das Baby verloren hatte, fragte mich eine Freundin, wie es mir ginge. Ich vertraute ihr etwas von dem immer noch anhaltenden Schmerz an. Sie war völlig überrascht und konnte es kaum begreifen, daß ich noch nicht darüber hinweg war. Und das war ausgerechnet in der Zeit, in der mein Baby hätte zur Welt kommen sollen. Wer dies alles nicht am eigenen Leib erfahren hat, ist kaum in der Lage, nachzuvollziehen, was für ein schwerer Schlag eine Fehlgeburt ist und wie lange man braucht, um mit dieser Art von Verlust fertig zu werden. Und für die, die sich schon unendlich lange nach einem Kind sehnen und nicht sicher sein können, daß sie jemals wieder schwanger werden, ist der Schlag doppelt hart.

Und doch kann ich heute in aller Aufrichtigkeit behaupten, daß ich nicht nur zufrieden, sondern auch froh bin. Gott hat meine Wunden geheilt. Es ist zwar eine Narbe zurückgeblieben, die ich vielleicht ein Leben lang mit mir herumtragen werde, aber der furchtbare, unerträgliche Schmerz ist abgeklungen.

Narben können sich noch entzünden, und meine macht sich von Zeit zu Zeit auch schmerzhaft bemerkbar. Aber jener nagende Schmerz überfällt mich nicht mehr. Nicht, weil ich ein Übermensch wäre. Davon bin ich weit entfernt. Ich bin mir meiner Schwächen und Fehler wohl bewußt. Die Veränderung meiner inneren Einstellung hat allein Gott bewirkt.

Zum Besten dienen

Die Bibel versichert uns, daß denen, die Gott lieben, alle Dinge zum Besten dienen (Römer 8,28). Das glaube ich aus vollem Herzen. Ich weiß zwar immer noch nicht, weshalb ich mein Baby nicht behalten durfte; vielleicht hätte es sich nicht normal entwickelt oder wäre in irgendeiner Weise behindert gewesen. Aber die Frage nach dem „Warum" ist jetzt nicht mehr so wichtig wie damals.

Ich bin heute gewiß, daß Gott jede Situation dazu benutzen kann, um seine Gnade, seine Allmacht und sogar das Ausmaß seiner Liebe unter Beweis zu stellen. Er kann uns alles zum Guten dienen lassen, wenn wir ihn nur wirken lassen. Dazu müssen wir bereit sein, das „Warum" des Selbstmitleids aufzugeben, und anfangen, ihn für das Gute, das er bereits an uns getan hat und das er in der Zukunft noch in und durch uns tun kann, zu preisen.

Die Gegenwart Gottes, die wir im Gebet suchen, ist meiner Erfahrung nach der einzige Ort, an dem wir unsere Fragen, unseren Groll und unser Selbstmitleid abladen können. Gott weiß schon im voraus, wie uns zumute ist, und man kann jedesmal nur darüber staunen, wie gut er uns versteht. Von Jesus bezeugt die Bibel: „Denn wir haben ja nicht einen Hohenpriester, der mit unseren Schwächen nicht könnte Mitleid haben, sondern der wie wir in allem versucht ist, doch ohne Sünde" (Hebräer 4,15).

Durch die Fehlgeburt waren die mütterlichen Triebe in mir derart angeheizt worden, daß ich mich nun wesentlich stärker nach einem Kind sehnte als zuvor. Ich hatte einen Vorgeschmack von dem unbeschreiblichen Gefühl des Schwangerseins bekommen und meinte nun, daß Gott die Behandlung beim ersten Versuch sicher nicht hätte erfolgreich sein lassen, wenn es beim zweitenmal nicht klappen sollte. Ich konnte es darum kaum erwarten, die Behandlung wieder aufzunehmen, um erneut schwanger zu werden. Es war überhaupt keine Frage, ob ich noch einmal einen Versuch wagen wollte – nur der Zeitpunkt war noch unklar.

Was nun?

Ich war fest davon überzeugt, daß die Behandlung sofort anschlagen würde. Aber sie tat es nicht. Und ich war fassungslos, als mir die Ärzte, nachdem auch die sechste Behandlungsserie ohne Erfolg blieb, eröffneten: „Es hat keinen Zweck, die Behandlung noch weiter fortzusetzen. Dieses Mal kommt nichts dabei heraus.“ Aus medizinischer Sicht konnte ich es mir nicht erklären, weshalb der erste Versuch angeschlagen hatte und jetzt überhaupt nichts mehr wirkte. Die einzige Antwort, die ich den Ärzten entlocken konnte: „Sterilität ist nun einmal ein komplexes Feld“, stellte mich nicht zufrieden. Eine Reagenzglasbefruchtung, so teilte man mir mit, sei jetzt noch die einzige Möglichkeit, wenn wir unbedingt an unserem Kinderwunsch festhalten wollten.

Harry und ich dachten gründlich über diesen Vorschlag nach und beteten intensiv darüber. Obwohl man uns ein hoffnungsvolles Angebot gemacht hatte, war uns bei dem Gedanken daran gar nicht wohl, und wir hatten nicht die innere Freiheit, die Behandlung in einer anderen, neuen Richtung fortzusetzen. Wir spürten beide, daß es für uns nicht der richtige Weg war. Ich werde unsere Entscheidung im folgenden Kapitel erläutern.

Trotzdem war der Entschluß für mich besonders schwierig. Harry sah ganz eindeutig den Zeitpunkt gekommen, wo wir einen Schlußstrich ziehen sollten. Er war der Meinung, daß ich in den vergangenen beiden Jahren genug durchgemacht hatte – psychisch und physisch – und daß es jetzt genug sei.

Am Anfang war es hart, dies zu akzeptieren. Es hatte etwas so Endgültiges. Ich trauerte noch immer um das Baby, das ich verloren hatte, und nun sah es so aus, als ob dieses Kind niemals durch ein anderes ersetzt werden würde. Aber nachdem ein paar Monate vergangen waren und sich auch mein Hormonhaushalt wieder normalisiert hatte, fühlte ich mich wie neugeboren. Die Spannung ließ spürbar nach. Ich fühlte mich wieder frei – keine weiteren Behandlungen, keine Termine im Krankenhaus mehr, keine krampfhaften Versuche, ein Kind zu zeugen. In dem Maße, in dem ich begann, die Kinderlosigkeit zu akzeptieren, wurde ich langsam heil.

Ich konnte wieder in eine Zukunft blicken, die nicht von der notvollen Erkenntnis überschattet war, daß wir aller Wahrscheinlichkeit nach kinderlos bleiben würden. Ich glaube noch immer, daß unser Gott ein Gott ist, der Wunder tun kann. Ich weiß nicht, was die Zukunft mir bringen wird. Doch mir genügt es nun zu wissen, daß sie in Gottes Hand liegt, der nur Gedanken der Liebe mit mir hat.

Wenn ich so auf die vergangenen Jahre zurückblicke und mich frage, weshalb dies alles in mein Leben hineinverordnet war, finde ich keine Antwort. Aber ich weiß, daß ich neue Kraft habe, daß ich in einer neuen Abhängigkeit von Gott lebe und neu in der Lage bin, seinen Plan für mein Leben zu akzeptieren, weil ich diesen Plan als vollkommen erkenne. Ich bin gespannt, was die Zukunft bereithält. Ich weiß, daß mir Schmerzen nicht erspart bleiben werden, aber ich habe am eigenen Leibe erfahren, daß Gottes Gnade ausreicht, um mich durch alles hindurchzutragen, was auf mich zukommen mag.

Ein Kind um jeden Preis?

Harry und ich mußten lange und gründlich überlegen, bevor wir beschlossen, die Versuche, auf dem Behandlungsweg zu einem Kind zu kommen, einzustellen.

Unsere moderne Gesellschaft ermutigt die Menschen zu denken, alles sei erlaubt, solange man sich dabei nur wohlfühlt und keinem anderen Schaden zufügt. Wir werden aufgefordert, zuzugreifen, wo es etwas zu holen gibt, und uns zu nehmen, was wir wollen. „Hilf dir selbst, dann hilft dir Gott“, lautet die weitverbreitete Philosophie.

Begriffe wie „Disziplin“ oder „Selbstbeherrschung“ sind unpopulär geworden. Der Trend geht dahin, es sich gutgehen zu lassen, den eigenen Wünschen und Bedürfnissen nachzugeben, sich zu verwöhnen und zu verhätscheln – „Wenn ich etwas will, muß ich es auch haben!“

Wie wir uns „fühlen“ entscheidet dann oft in letzter Instanz über unser Handeln. Einschränkungen von außen, wie z. B. die christlichen Moral- und Wertvorstellungen, ethische Grundsätze oder menschliche Weisheit, die uns auffordert, die logischen Folgen bestimmter Handlungsweisen vorher zu durchdenken, werden im allgemeinen zurückgewiesen. Der moderne Mensch neigt dazu, sich bei seinem Handeln und seinen Entscheidungen von schwankenden Stimmungen und wenig verläßlichen Gefühlen leiten zu lassen. Aus dieser Haltung heraus ist eine neue Ethik entstanden, die das „Tu, was dir Spaß macht!“ zum Postulat erhebt. Das Endprodukt dieser Ethik des Lustprinzips ist die Anarchie.

Da auch die Christen in dieser Gesellschaft leben und dem Einfluß ihrer Kultur ausgesetzt sind, erliegen sie leider häufig der Gefahr, die alten, von der Bibel bestimmten Prinzipien, unmerklich von einer anderen Autorität untergraben zu lassen, die in zunehmendem Maß auf Gefühlen basiert. Allzuoft begegne ich dem Argument: „Aber ich habe dabei kein ungutes Gefühl – dann kann ich es doch eigentlich tun, oder nicht?" Die andere Frage wird leider immer seltener gestellt: „Ich möchte mich am Wort Gottes orientieren. Was sagt die Bibel dazu?"

Was ist noch vertretbar?

Christen, die kinderlos bleiben, müssen sich die Frage stellen: „Wie weit sollen wir bei unseren Versuchen, zu einem eigenen Kind zu kommen, gehen? Wie lange sollen wir es probieren? Haben wir ein Recht auf ein Kind – egal, um welchen Preis?"

Ich denke, der „Preis" muß unter einem dreifachen Aspekt abgewogen werden: im Hinblick auf die psychische Stabilität; auf die Belastungen, die daraus für eine Ehe entstehen; und vor dem Hintergrund des Gehorsams gegenüber Gott und seinem Wort. All dies muß bedacht werden.

Bei der Behandlung der Unfruchtbarkeit sind so gewaltige Fortschritte gemacht worden, daß es nur noch wenige Fälle gibt, in denen die moderne Reproduktionsmedizin nicht irgendeine Form der Therapie oder Abhilfe anbieten kann. (Selbst wenn das Baby, das dabei entsteht, nur noch der genetische Nachkomme eines Elternteils ist.) Viele Christen sind angesichts dieser Entwicklung zu der Einsicht gelangt, daß sie sich auf das Urteil und den Rat der Ärzte nicht mehr so unbedenklich wie früher verlassen können. Wir können nicht mehr sagen: „Wir gehen jetzt zum Arzt und akzeptieren jede nur mögliche Therapie." Wenn es darum geht, richtig zu entscheiden, ist mittlerweile der einzelne immer stärker gefordert; er muß die Verantwortung dafür selbst übernehmen.

Kinderlose Paare sind derart großen psychischen Belastungen ausgesetzt, daß sie oft nicht in der Lage sind, weitreichende Entscheidungen genauso nüchtern und überlegt zu treffen, wie dies unter anderen Umständen der Fall wäre. Deshalb sollten sie sich alles gut überlegen und sich auch einen zeitlichen Rahmen setzen, bevor sie sich auf eine Behandlung einlassen. Wenn man erst einmal in der Therapie steckt, fällt es noch viel schwerer, zu einer rationalen Entscheidung zu gelangen.

Ein Paar sollte so weit gehen und die Behandlung so lange fortsetzen, wie es die psychische Belastbarkeit, die Stabilität der Ehe und die Vereinbarkeit mit den biblischen Prinzipien gestatten.

Der Mutterinstinkt ist eine so gewaltige Triebfeder, daß manche Frauen nicht mehr zu bremsen sind; sie jagen von Behandlung zu Behandlung, lassen nichts unversucht, probieren jede neue Methode. Die Ärzte lassen sich angesichts der Intensität des Kinderwunsches bei solchen Patientinnen aus Mitleid dazu verleiten, immer wieder neue Hoffnungen zu wecken und jede denkbare Methode anzubieten. Die Sehnsucht nach einem Kind kann die Frau völlig verzehren und von ihrem Leben derart Besitz ergreifen, daß die Erfüllung des Kinderwunsch das alles überragende Anliegen wird. Viele merken nicht, was in ihnen vorgeht, bis es zu spät ist und sie geistig und seelisch am Ende sind.

Wieviel Streß man aushalten kann, variiert von Mensch zu Mensch. Deshalb sollte jeder die Grenzen seiner Belastbarkeit kennen. Und für Christen ist es noch wichtiger, vor dem Beginn einer Behandlung ins Gebet zu gehen, um sich von Gott Weisheit und Führung schenken zu lassen. Genauso wichtig ist es, während der Dauer der Behandlung in Verbindung mit Gott zu bleiben. Gott muß immer die Herrschaft über das Leben seiner Kinder haben, und nichts (nicht einmal ein Kind) sollte ihm diesen Anspruch streitig machen können.

Eheprobleme

Eheprobleme nehmen in beängstigendem Maße zu, so daß bald jede dritte Ehe geschieden wird. Christen sind gegen den Streß und den Druck, dem die Familie heute ausgesetzt ist, nicht immun. Dabei gibt es kaum etwas, das ein Paar stärker belasten kann, als ungewollte Kinderlosigkeit. Denn hier wird ein wesentlicher Sinn der Ehe berührt. Eine Ehe, die dieser Belastung erfolgreich standhält, wird aus der notvollen Erfahrung gestärkt und gefestigt hervorgehen – das ist der einzig positive Aspekt.

Viele Ehen zerbrechen an dem Kummer und Leid der Kinderlosigkeit. Die Harmonie zwischen den Partnern wird durch gegenseitige Schuldzuweisungen, die Suche nach dem „Verantwortlichen“, Zweifel und die insgeheim nagende Frage untergraben, ob der Partner hätte Kinder haben können, wenn er mit jemand anderem verheiratet wäre.

Eine Langzeitbehandlung kann den Streß noch deutlicher zutage treten lassen und einer Beziehung schweren Schaden zufügen. Deshalb müssen wir als Paar uns in aller Aufrichtigkeit mit der Frage auseinandersetzen: „Was ist uns wichtiger – eine glückliche, stabile Ehe ohne Kinder oder eine möglicherweise angeschlagene oder zerbrochene Beziehung, die nur noch um den Kinderwunsch kreist?“ In solchen Situationen höchster Anspannung können Worte fallen, die tiefe Wunden schlagen. Manchmal braucht es Jahre, um den so entstandenen Schaden zu beheben.

Gott kann ein Paar nicht nur durch Kinder segnen. Wohl bezeichnet die Bibel Kinder als eine „Gabe des Herrn“ oder als „Segen“, aber daraus folgt nicht, daß einem kinderlosen Paar die vielen anderen Möglichkeiten der Segnung versagt bleiben. Man muß im Gebet Klarheit über die Prioritäten gewinnen, um dann den Zeitpunkt erkennen zu können, wo man „Halt!“ sagen und einen Schlußstrich unter die Behandlung ziehen sollte.

Moralische Aspekte

Die moralischen Probleme, die bei einigen Formen der Behandlung der Kinderlosigkeit auftreten, haben das Interesse der Öffentlichkeit erregt und in den Medien heftige Diskussionen ausgelöst.

Wer bei der Gründung einer eigenen Familie keinerlei Schwierigkeiten hatte, läßt sich schnell zu einem voreiligen Urteil über das Problem der Unfruchtbarkeit hinreißen. Viele Menschen sind jedoch nicht ausreichend über die verschiedenen Behandlungsmethoden informiert. Das bißchen, was sie im Fernsehen, in Illustrierten oder Zeitungen aufgeschnappt haben, ist bruchstückhaft. Die verschiedenen Methoden der modernen Medizin werden dann alle in einen Topf geworfen. „Das ist doch alles unnatürlich und unmoralisch! So etwas sollte verboten werden." Solche gedankenlosen Äußerungen können kinderlose Paare, die sich (nach gründlicher Auseinandersetzung mit den damit verbundenen ethischen Problemen) für die eine oder andere Behandlungsform entschieden haben, die andere so leichtfertig als „unnatürlich" verwerfen, tief verletzen. Haben sich diejenigen, die sich so abfällig über die künstliche Befruchtung oder eine In-vitro-Fertilisation äußern, schon jemals Gedanken darüber gemacht, welche Motive kinderlose Paare zu einer solchen Maßnahme bewegen? Jedes betroffene gläubige Paar würde wie alle anderen auch lieber auf ganz natürlichem Wege zu einem Kind kommen. Aber dies ist nun einmal in vielen Fällen nicht möglich.

Wir Christen müssen uns bei vielen Sachthemen am biblischen Standpunkt orientieren. Unsere Wünsche und Sehnsüchte dürfen unseren Blick nicht trüben. Die „Der Zweck heiligt die Mittel"-Philosophie kann niemals akzeptabel sein. Doch gerade deshalb ist es ganz wesentlich, daß man sich ausreichend informiert und auch über die theologischen Aspekte Klarheit verschafft, bevor man pauschale Urteile fällt.

Prinzipien der göttlichen Ordnung

Einige Methoden der modernen Fortpflanzungsmedizin sind meiner Auffassung nach generell abzulehnen, weil sie das Band zwischen Mann und Frau verletzen (vgl. 1.Mose 2,24). Jede Art von Maßnahme, bei der eine dritte Person als Samen- oder Eispender hinzugezogen wird, fällt in diese Kategorie. Auch wenn in diesen Fällen zur Zeugung eines Kindes kein Geschlechtsverkehr notwendig ist, ist ein so entstandenes Kind nicht nur der Nachkomme von Ehemann und Ehefrau. Eine künstliche Befruchtung mit fremden Ei- oder Samenzellen, ob nun auf dem Wege einer heterologen Insemination oder einer Reagenzglasbefruchtung, stellt einen schwerwiegenden Eingriff in die eheliche Gemeinschaft dar.

Ich persönlich möchte kein Kind empfangen und austragen, das nicht ausschließlich der Abkömmling von meinem Mann und mir ist. Wenn Gott einem Paar ein Kind schenkt, segnet er die beiden darin, daß er aus Anteilen von Mann und Frau ein neues Leben entstehen läßt.

Es gibt gute Gründe, diesen gottgewollten Prinzipien zu gehorchen. Wo sie mißachtet werden, können alle möglichen unglücklichen Verwicklungen auftreten. Ein auf solche Weise gezeugtes Kind ist für den Partner, der nicht Elternteil im genetischen Sinn ist, eine ständige schmerzliche Erinnerung an die eigene Unfruchtbarkeit. Wenn Schwierigkeiten mit einem solchen Kind auftreten, könnte der nicht-genetische Elternteil jegliche Verantwortung ablehnen mit der Begründung, es sei ja nicht sein Kind. Das Kind könnte einen Keil zwischen Mann und Frau treiben und unerträgliche Spannungen auslösen.

Und wichtiger noch – was ist mit dem Kind? Soll es in Unkenntnis des einen genetischen Elternteils aufwachsen und über seine tatsächliche Abstammung nichts erfahren? Wie mag einem Kind zumute sein, das in dem Bewußtsein groß wird, daß ein Teil von ihm von einer Keimzellenbank stammt? Eine heterologe Insemination unterscheidet sich in dieser Beziehung grundlegend von der Adoption, wo zumindest ein Elternteil bekannt ist.

Wenn also aus den schon erwähnten Gründen eine künstliche Befruchtung mit fremden Ei- oder Samenzellen abzulehnen ist, wie verhält es sich im Fall einer homologen Insemination (einer künstlichen Befruchtung mit dem Samen des Partners)? In diesem Fall wird das Band der Ehe nicht verletzt. Ein Kind, das auf diesem Wege empfangen wird, ist sowohl der natürliche als auch der genetische Nachkomme beider Elternteile.

Diese Methode wird bisweilen als „unnatürlich“ verworfen, weil Ei- und Samenzellen nicht durch den normalerweise erforderlichen Geschlechtsakt zusammenkommen. Wenn man dieses Kriterium anlegt, könnte man aber auch den Kaiserschnitt als „unnatürliche“ Geburtsmethode verwerfen. Eigentlich sollte ein Kind nicht auf diese Art zur Welt kommen. Aber niemand läßt ein Baby, oder im Extremfall sogar Mutter und Kind, nur deshalb sterben, weil der Kaiserschnitt, der die beiden retten könnte, etwas „Unnatürliches“ ist! Ein elektrischer Herzschrittmacher sorgt bei der Störung der Eigenrhythmik des Herzens für einen regelmäßigen Herzschlag. Auch er wäre abzulehnen, wenn die „Natürlichkeit“ das alleinige Kriterium wäre.

Nicht alles, was nicht auf ganz natürlichem Wege erfolgt,

muß automatisch falsch und damit abzulehnen sein. Es muß vielmehr die Frage gestellt werden: „Läßt es sich mit dem göttlichen Moralgesetz vereinbaren oder nicht?“

Von anderer Seite wird der Einwand erhoben, daß auch bei einer künstlichen Befruchtung eine dritte Person beteiligt sei – in Gestalt des Arztes, der den Samen des Mannes in die Gebärmutterhöhle der Frau einbringt. Aber auch nach einer auf natürlichem Wege zustandegekommenen Befruchtung (also durch Geschlechtsverkehr) kommt man nicht ohne ärztliche Hilfe aus, z. B. bei den vorgeburtlichen Vorsorgeuntersuchungen und bei der Entbindung. Sollte die Inanspruchnahme ärztlicher Hilfe nach der Befruchtung anders zu bewerten sein als ärztliches Eingreifen davor? Solche Argumente widerstreben der Logik.

Ich halte eine künstliche Befruchtung im homologen System dann für vertretbar, wenn das Paar mit der damit verbundenen emotionalen Belastung fertig werden kann und auch die Bereitschaft für die aufwendige Behandlung mitbringt. Ich kann keine Bedenken moralischer Natur erkennen, die eine solche Maßnahme für Christen unmöglich machen würden.

Die Reagenzglasbefruchtung ist schon wesentlich umstrittener – von Problemen wie dem Schicksal überzähliger Embryonen und ihrer Verwendung in der medizinischen Forschung einmal abgesehen. Kann man grundsätzlich ethische Einwände gegen eine Reagenzglasbefruchtung geltend machen, bei der das weibliche Ei mit dem Samen des Mannes außerhalb des Körpers befruchtet und dann in die Gebärmutter der Frau implantiert wird?

Zunächst einmal ist das Eingreifen von ärztlicher Seite aus hier gravierender als bei der künstlichen Befruchtung. Manche sehen bei diesem Verfahren schon den Arzt als den eigentlichen Schöpfer des Lebens. Aber letztlich ist allein Gott der Schöpfer. Ärzte können nur die Voraussetzungen schaffen, unter denen Leben entstehen kann, indem sie es den Samenzellen ermöglichen, Eizellen zu befruchten. Diese Eizellen werden in die weibliche Gebärmutter implantiert, wo ihre Entwicklung dann den normalen Verlauf nimmt.

Häufig wird damit argumentiert, daß ein Kind eine Gabe Gottes sei, die durch künstliche Insemination oder Reagenzglasbefruchtung in ein Produkt umgewandelt werde – zu beziehen auf Bestellung bei den Fortpflanzungstechnikern.

Aber sind das Leben bzw. die Gabe weniger wert, weil sie mit größerem Aufwand zustandegekommen sind? Ist das Leben nur deshalb kein Geschenk im eigentlichen Sinne, weil man so lange und schmerzlich darauf gewartet und unter großen Mühen und Anstrengungen darauf hingearbeitet hat? Wird durch diese besonderen Umstände sein Wert für den Empfänger in irgendeiner Weise beeinflußt?

Ein neues Leben, um das man sich so intensiv bemühen mußte, kann von den Eltern im Gegenteil als eine ganz besonders kostbare Gabe empfunden werden, weil sie es Gott in besonderer Weise anheimgestellt haben, ihnen dieses Leben anzuvertrauen. Sie nehmen zwar die Hilfe der modernen Fortpflanzungsmedizin in Anspruch, aber es ist ihnen bewußt, daß jedes Leben, das auf so außergewöhnlichem Wege entsteht, gerade eine wunderbare Gabe Gottes ist.

Mir scheint es eher, daß die Kinder, die „einfach so“ oder als „Ausrutscher“ gezeugt werden, die eigentlichen „Produkte“ oder „ungewollten Gaben“ sind. Paare, die problemlos Nachwuchs zeugen, benutzen in der Regel Verhütungsmittel und planen ihre Kinder so, wie es ihnen am besten in ihre Pläne paßt. Sie können also eine Schwangerschaft verhindern, wenn sie unerwünscht ist, und haben die Situation im Griff, während unfruchtbare Paare ganz vom Zeitplan Gottes abhängig sind. Paare, die eine überlegte Familienplanung betreiben, neigen eher dazu, ihre Kinder als Produkte ihrer eigenen Anstrengungen zu sehen. Jedes Baby ist ganz „ihr“ Kind: geplant und gezeugt nach ihren individuellen Wünschen, ohne unbedingt nach der Stunde Gottes gefragt zu haben. Ist dies nicht genauso „unnatürlich“ wie eine künstliche oder eine Reagenzglasbefruchtung? Muß es aber deshalb falsch sein?

Prioritäten und Kapazitäten

Ein Einwand, der von anderer Seite erhoben wird, stimmt mich traurig – die begrenzten medizinischen Kapazitäten sollten besser für lebensrettende Maßnahmen gebraucht werden. Die Behandlung und Bekämpfung von Krankheiten müßten Vorrang haben und präventive Maßnahmen an erster Stelle stehen.

Dieses Argument kann man gegen jede Minderheit ins Feld führen, ob es sich nun um Behinderte, Menschen mit seltenen Erkrankungen oder Dialysepatienten handelt. Wer soll darüber entscheiden, wer in den Genuß öffentlicher Mittel und medizinischer Einrichtungen kommen soll und wer nicht? Nur jemand, der keine Ahnung davon hat, welchen Leidensdruck ungewollte Kinderlosigkeit erzeugt, oder der völlig gleichgültig ist, kann es fertigbringen, Unfruchtbarkeit in die Kategorie der „nicht kassenleistungspflichtigen Krankheiten" einzustufen. Kinderlose Paare leisten einen größeren finanziellen Beitrag der Gesellschaft gegenüber als viele andere, da in der Regel ja beide Ehepartner berufstätig und steuerpflichtig sind. Sie kommen nicht in den Genuß staatlicher Vergünstigungen wie Kindergeld, Kinderfreibeträge usw. Sie finanzieren aber alle Vorteile mit, von denen Paare mit Kindern profitieren. Sie sind eher in der Lage (und auch eher bereit) ehrenamtliche Aufgaben in der Gemeinschaft zu übernehmen. Es ist darum paradox, wenn man ihnen die Mittel verwehren will, die eine so schmerzliche Störung beheben könnten.

Natürlich sollten die Gelder nicht von lebenswichtigen medizinischen Einrichtungen abgezweigt oder für fragwürdige Behandlungsmethoden verschwendet werden. Aber meiner Meinung nach sollte man den Krankenhäusern und Fachabteilungen nicht die Gelder vorenthalten, die zu einer Verbesserung der Behandlungsmöglichkeiten beitragen könnten.

Ein breiteres Angebot an Fachkliniken mit ausreichender personeller Ausstattung wäre meiner Ansicht nach wünschenswert. Solchen Kliniken sollten auch Beratungsstellen angeschlossen sein. Die Kliniken selbst müßten so ausgestattet und durchorganisiert sein, daß sich keine übermäßigen Wartezeiten ergeben, keine Atmosphäre der Peinlichkeit entsteht oder sich die Paare wie am Fließband abgefertigt fühlen. Es müßten in verstärktem Ausmaß erfahrene Frauenärzte auf diesem Gebiet aus- und weitergebildet werden, damit Spezialisten die betroffenen Paare betreuen, die bislang häufig bei jedem Kliniktermin mit einem anderen jungen Assistenzarzt vorlieb nehmen müssen. Für die Betroffenen, die aufgrund ihrer Situation ohnehin schon sehr verletzt und psychisch angeschlagen sind, wäre auch eine einfühlsamere Betreuung wünschenswert.

Gottes Plan für jeden einzelnen

Soll das heißen, daß ich keine Einwände und Bedenken gegenüber der Reagenzglasbefruchtung habe? In meinen Augen ist sie ein ganz bemerkenswertes technisches Verfahren, das bestimmten unfruchtbaren Paaren die Möglichkeit eröffnet, vielleicht doch noch zu einem eigenen Kind zu kommen. Dadurch können große Belastungen genommen werden. Allerdings entstehen bei der Reagenzglasbefruchtung schwerwiegende ethische Probleme; aus diesem Grund muß sich jedes Paar Klarheit über den Willen Gottes für sein individuelles Leben verschaffen und auch die Gewißheit darüber haben, bevor es sich für diese spezielle Behandlung entscheidet.

Überzählige Embryonen

Die Frage nach dem weiteren Schicksal der winzigen Lebewesen, die Embryonen nun einmal sind, muß ernsthaft überdacht werden. Diejenigen, die dafür eintreten, den Wissenschaftlern innerhalb gewisser Grenzen völlige Verfügungsgewalt über diese „überzähligen" Embryonen einzuräumen (Vernichtung oder Verwendung für Forschungszwecke), sehen sie in diesem Frühstadium der Entwicklung noch nicht als richtige Lebewesen an.

Wann aber beginnt menschliches Leben? Die Bibel läßt keinen Zweifel daran, daß Gott schon am Menschen interessiert ist, bevor er gezeugt wird. Der Christ kann nach dem Zeugnis der Bibel in Epheser 1,4 von sich sagen: „Denn in ihm hat er uns erwählt vor der Schöpfung der Welt..." Aber es trifft natürlich zu, daß nicht aus jedem befruchteten Ei ein Kind entsteht. Die Natur selbst sorgt dafür, daß Tausende von Eizellen ausgeschieden werden, und wir können nicht wissen, aus welchen davon nach dem Plan Gottes Kinder entstehen sollen und aus welchen nicht. Hier betreten wir heiligen Boden, denn das Leben ist ein Geheimnis, das wir mit unserem begrenzten menschlichen Verstand nicht fassen und ergründen können. Gott ist der einzige, der die Macht hat, Leben entstehen zu lassen oder zu versagen.

Dürfen wir uns das Recht herausnehmen zu entscheiden, welche befruchteten Eier eine Lebenschance erhalten sollen und welche nicht, solange auch nur eine Spur des Zweifels darüber besteht, wann menschliches Leben beginnt? Kommt dieses Vorrecht nicht allein Gott zu? Ich glaube nicht, daß es uns zusteht, mehrere Leben zu zerstören, nur um einem anderen die Chance zu geben, sich vielleicht doch zu entwickeln.

Wie steht es mit der Forschung an „überzähligen" Embryonen? Wenn man sich darauf einigt, sie nicht zu vernichten, erweist sich die Freigabe für Forschungszwecke schnell als ein noch größeres Übel. Meiner Überzeugung nach öffnet man die Schleusen für einen gefährlichen Mißbrauch, wenn Experimente, welcher Art und in welchem Entwicklungsstadium menschlichen Lebens auch immer, erlaubt werden. Wer damit argumentiert, daß solche Experimente für die Vervollkommnung der modernen Reproduktionstechniken (z. B. für die Reagenzglasbefruchtung) erforderlich seien und damit letztlich kinderlosen Paaren geholfen werde, benutzt diesen Vorwand leicht als emotionales Druckmittel, um damit andere, eigennützige Motive zu verschleiern. Die In-vitro-Fertilisation ist ein mittlerweile technisch ausgereiftes Verfahren, das keiner weiteren Embryonenforschung bedarf, um noch verbessert oder überhaupt fortgeführt werden zu können.

Mitleid

Mitleid war eines der Motive beim Zustandekommen des Abtreibungsparagraphen – Mitleid mit Frauen, deren Wunsch nach einem Schwangerschaftsabbruch verständliche Gründe zu haben schien. Man argumentierte damit, daß Frauen so davor bewahrt würden, sich Kurpfuschern und den bei solchen dilettantischen Eingriffen lauernden gesundheitlichen Gefahren (Infektionen, Blutungen oder sogar tödlicher Ausgang) auszuliefern.

Nur wenige sahen die Folgen einer solch „mitleidvollen" Gesetzgebung voraus. Heute stehen wir vor der erschreckenden Tatsache, daß in der Regel eine Abtreibung auf Wunsch möglich ist. Häufig wird als Begründung für den Abtreibungswunsch genannt, daß ein Kind für die betreffende Mutter eine Belastung wäre. In England wird alle zwei bis drei Minuten ein Kind abgetrieben – das ist legalisierter Massenmord. Frauen, die sich notwendigen gynäkologischen Operationen unterziehen sollten, müssen oft monatelange Wartezeiten hinnehmen, weil die Operationssäle durch die vielen Schwangerschaftsabbrüche völlig ausgebucht sind. Mitleid mit Frauen, die ungewollt schwanger wurden, hat zu diesen haarsträubenden Verhältnissen geführt.

Inzwischen wird an einem weiteren Gesetzesentwurf gearbeitet, der angeblich aus Mitleid mit sterilen Paaren initiiert wurde – ein Gesetz, das die Forschung an menschlichen Embryonen freigeben will.

Diejenigen, die lautstark mehr Mitgefühl für kinderlose Paare fordern, sind häufig dieselben, die Mitleid auch für Frauen reklamieren, die eine Abtreibung auf Verlangen wollen. Wie läßt sich das miteinander vereinbaren?

Meines Erachtens laufen sterile Paare Gefahr, „benutzt" zu werden – als Vorwand für bestimmte Vorhaben, die Gott mit Sicherheit nicht gefallen können. Es ist leichter, in der Öffentlichkeit breite Unterstützung und Sympathie für eine Sache zu gewinnen, die zu Herzen geht, als einfach unverblümt zu erklären: „Wir wollen unsere wissenschaftlichen Kenntnisse erweitern." Allerdings werden diejenigen, denen man hier angeblich helfen will (kinderlose Frauen wie ich), wahrscheinlich den geringsten Nutzen daraus ziehen. Manchmal frage ich mich, ob die Ärzte, die Sterilitätskliniken leiten und mit den Verfahren der modernen Reproduktionsmedizin arbeiten, den psychischen Belastungen ihrer Patientinnen auch nur halb so viel Interesse entgegenbringen wie ihrer eigenen Forschung.

Der bei weitem wirkungsvollste Weg, kinderlosen Paaren zu

helfen, bestünde wahrscheinlich in einer einschneidenden Veränderung der Abtreibungsgesetze. Anstatt all diese Kinder zu töten, könnte man sie austragen lassen und zur Adoption freigeben. Paare wie Harry und ich würden liebend gerne eines dieser Kinder adoptieren.

Die Reagenzglasbefruchtung könnte, so meine ich, auch für Christen eine Alternative sein, vorausgesetzt, der Schutz überzähliger Embryonen wäre gewährleistet. Allerdings ist es kaum vorstellbar, wie sich dies in der Praxis realisieren ließe.

Es kamen allerdings mehrere Faktoren zusammen, die Harry und mich dazu bewogen, eine Reagenzglasbefruchtung für uns persönlich abzulehnen. Wir mußten genau abwägen, was dies für unsere psychische Stabilität, unsere Ehe, das Schicksal „unserer" überzähligen Embryonen und unseren Wunsch, den Geboten der Bibel gehorsam sein zu wollen, bedeuten würde.

Unsere Entscheidung

Nach all den Untersuchungen und Behandlungsversuchen, der Schwangerschaft und Fehlgeburt, sowie der erneut fehlgeschlagenen Therapie hatte ich wahrscheinlich die Grenzen meiner psychischen Belastbarkeit erreicht. Ich bezweifle, daß ich noch eine weitere bittere Enttäuschung hätte verkraften können, wenn auch nach einer Reagenzglasbefruchtung kein Erfolg eingetreten wäre oder, schlimmer noch, ich nochmals eine Fehlgeburt gehabt hätte. Die Erfolgschance war ohnehin gering – wie man mir sagte, führt die Reagenzglasbefruchtung nur in 15 % aller Fälle zum Erfolg.

Wahrscheinlich hatte unsere Ehe durch die bisherigen Behandlungen schon genug gelitten. Wir mußten wieder zu einem normalen Ehealltag zurückkehren und losgelöst von diesem unnatürlichen Druck leben.

Am Ende kamen wir zu der Einsicht, daß wir persönlich kein ganzes „Ja" zur Reagenzglasbefruchtung finden konnten. Ich hätte darauf bestanden, daß jedes befruchtete Ei implantiert würde. Und doch wäre ich wohl das ungute Gefühl nicht losgeworden, ob nicht etwas schiefgehen würde, wenn ich nicht die ganze Zeit überwachen konnte, was mit meinen Ei- und Harrys Samenzellen passierte.

Und wenn mein Beharren auf der Implantation aller befruchteten Eier bedeutet hätte, daß ich ein mißgebildetes, genetisch abnormales Embryo in mir trug? Wie wäre mir dann zumute? Oder wenn mir unter Umständen sechs Embryonen eingepflanzt werden mußten und die Gefahr einer Mehrlingsschwangerschaft entstand?

Ausschlaggebend für die endgültige Ablehnung war eine Fernsehsendung über eine Mehrlingsschwangerschaft, in deren Verlauf es zu einer Frühgeburt gekommen war. Ich weiß nicht mehr, ob alle oder überhaupt eines der winzigen Sechslinge überlebte, aber allein der Gedanke an sechs Babys schockierte mich. In einem solchen Fall würde ich den größten Teil der Schwangerschaft im Krankenhaus zubringen müssen. Überlebten die Kinder, würde sich unser ganzes Leben nur noch um sie drehen. Das Risiko schien mir zu groß. Harry und ich konnten uns nicht vorstellen, daß Gott uns dazu berufen würde, unser Leben ganz dem Großziehen von vier oder mehr Kindern zu widmen. Ich hatte von einem Mann gelesen, der seinen Beruf aufgeben mußte, um seiner Frau beim Versorgen ihrer Sechslinge helfen zu können. Für uns schien das nicht der richtige Weg zu sein – ich konnte nicht erwarten, daß Harry seinen Pfarrberuf an den Nagel hängen würde, und ich wollte das auch nicht. Wir kamen gemeinsam zu der Einsicht, daß die einzige Form, in der die Reagenzglasbefruchtung in Frage käme, mit zu großen Risiken verbunden war.

Wir sahen den Moment für gekommen, unter das Thema einen Schlußstrich zu ziehen. Wir waren nicht länger bereit, den Preis zu zahlen, den eine weitere Behandlung von uns fordern würde.

Ich glaube, daß Gott unsere Entscheidung gesegnet hat. Ich bin zwar mittlerweile nicht auf wundersame Weise schwanger geworden, aber Gott hat uns beiden inneren Frieden, Gelassenheit und Freudigkeit in dieser Sache geschenkt.

Adoption als Alternative

„Warum adoptiert man nicht einfach ein Kind, wenn man wirklich eines will?" fragten mich Freunde recht aggressiv.

Leider kann man diese Haltung häufig finden. Viele Menschen denken anscheinend, eine Adoption sei so einfach wie eine Fahrt in den Supermarkt, und man müsse sich nur noch das passende Kind aussuchen. Auf den ersten Blick scheint eine Adoption tatsächlich eine einfache Alternative zu eigenen Kindern zu sein, aber die Wirklichkeit sieht völlig anders aus.

Christen, denen es gelungen ist zu adoptieren, bestätigen oft, daß durch die ihnen anvertrauten Kinder anderer Gott ihren eigenen Kummer und Schmerz geheilt und wieder Freude in ihr Leben gebracht hat. Scham- und Minderwertigkeitsgefühle seien gewichen. Andere sind sich noch immer schmerzhaft ihrer Unfähigkeit bewußt, eigene Kinder haben zu können, auch wenn sie ihre Adoptivkinder liebhaben und durch sie auch einen gewissen Trost empfangen. Dies gilt besonders in den Fällen, in denen nur ein einziges Kind adoptiert werden konnte.

Zur Kinderlosigkeit gibt es keine Alternative, die völlig einfach oder schmerzlos ist. Sterilität ist eine Tatsache, der man nicht entfliehen kann, selbst wenn die schmerzliche Lücke durch Adoption oder Pflege eines Kindes ausgefüllt wird.

Eine schwierige Prozedur

Vor drei Jahren bekam ich zum erstenmal einen Eindruck davon, was für eine schwierige Prozedur eine Adoption darstellt. Mein Frauenarzt wies mich darauf hin, daß ich (falls die Behandlung in der Klinik erfolglos sein sollte) beim Gedanken an eine Adoption schon frühzeitig die erforderlichen Schritte einleiten müßte. Die Wartelisten bei Adoptionswünschen seien lang, und unter Umständen müsse man bis zu fünf Jahren warten, bis ein Baby zur Adoption frei würde. Fünf Jahre kamen mir wie eine Ewigkeit vor. Ich konnte es nicht glauben, daß irgendjemand so lange auf ein Kind warten mußte.

Auf Harry und mich wirkte diese Aussicht so abschreckend, daß wir es uns noch einmal überlegen wollten. Sollten wir einen Antrag stellen oder nicht? Wir hatten uns bis dahin diese Möglichkeit als letzten Ausweg vorbehalten. Der Gedanke, daß wir möglicherweise als Adoptiveltern nicht in Frage kamen oder daß Jahre vergehen konnten, bis wir endlich das ersehnte Kind in unseren Armen halten würden, war uns nie gekommen.

Wir setzten uns noch einmal mit dem Problem auseinander. Mehrere Gründe fielen uns ein, weshalb Gott die Kinderlosigkeit in unser Leben hineinverordnet haben könnte. Ohne Kinder hätten wir mehr Zeit für den Dienst in der Kirche. Es ist einfacher, ein offenes Haus für Freunde und Menschen in Not zu haben, wenn keine Kinder da sind. Wir hatten so noch immer ein Zimmer frei, in dem wir Gäste unterbringen konnten. Da ich keine kleinen Kinder zu versorgen hatte, konnte ich mich stärker in der Kirche engagieren, hatte mehr Zeit für Besuch und konnte Harry in meiner Rolle als Pfarrersfrau besser zur Seite stehen. Auch wenn ich meiner beruflichen Karriere nie Vorrang eingeräumt hatte, erschloß sich auch auf diesem Gebiet eine neue Perspektive, falls wir kinderlos bleiben sollten.

Trotzdem konnte keiner von uns die große Sehnsucht nach einem Kind verleugnen – selbst wenn es kein eigenes sein würde. Wenn wir aber nach dem Willen Gottes kinderlos bleiben sollten, würde er uns gewiß die Gnade und innere Bereitschaft schenken, dies anzunehmen.

Vorteile der Adoption

Wir überlegten weiter, welche Vorteile eine Adoption hätte. Wir konnten einem Baby, das sonst unerwünscht war, ein Zuhause mit der nötigen Nestwärme bieten. Vielleicht konnten wir sogar ein Kleinkind oder ein älteres Kind bei uns aufnehmen, das Mißhandlung oder Lieblosigkeit erfahren hatte. Wir sehnten uns nicht nur danach, Eltern zu werden, wir konnten darin sogar einen Vorteil für unseren Dienst in der Kirche erkennen. Kinderlose Paare haben manchmal keine Ahnung von den Problemen, die eine Familie mit sich bringt. Wir wären nicht nur in der Lage, uns in die Situation kinderloser Paare hineinzuversetzen, sondern könnten nach einer Adoption auch anderen dabei helfen, mit den Höhen und Tiefen des Familienlebens zurechtzukommen.

An der Tatsache, daß wir wirklich Kinder wollten, gab es nichts zu rütteln. Ob dies bei unserem Prozeß der Entscheidungsfindung der ausschlaggebende oder der am wenigsten zu berücksichtigende Faktor sein sollte, war eine Frage, die sich nur schwer beantworten ließ. Allein die Tatsache, daß wir eine Familie haben wollten, gab uns noch lange kein Anrecht darauf. Aber uns war auch klar, daß die Sehnsucht nach einem Kind wirklich da sein mußte, um überhaupt mit den gewaltigen Veränderungen fertig werden zu können, die durch eine Adoption in unserem Leben eintreten würden.

Bislang hatten wir – ohne Kinder – ein recht geregeltes und überschaubares Leben geführt, und wir waren glücklich dabei gewesen. Wir hatten Zeit füreinander, was sehr schön war. Würden wir uns auf schlaflose Nächte, überall verstreutes Spielzeug, weniger Freiraum und ungestörtes Miteinander umstellen können? Das waren wichtige Fragen, die bedacht sein wollten. Wir waren nicht so naiv, uns vorzugaukeln, daß das Leben mit einem Kind ein Honigschlecken sein würde. Aber nach intensivem Gebet und gründlichem Nachdenken entschlossen wir uns, zunächst einmal die Möglichkeiten einer Adoption abzuklären, ohne uns schon festzulegen.

Schwerwiegende Fragen

Wir stellten fest, daß wir einige Probleme übersehen hatten, die sich bei einer Adoption ergeben konnten und die unbedingt vorher geklärt werden mußten. Und dann war da auch noch die Entscheidung über das Alter des Kindes, um das wir uns eventuell bemühen wollten. Babys sind Mangelware und die Wartelisten lang. Kleinkinder und ältere Kinder, die dringend ein Zuhause brauchen, kommen häufig aus schwierigen Verhältnissen und sind entsprechend vorbelastet. Bei solchen Kindern muß man mit Verhaltensstörungen rechnen, die die Adoptiveltern vor eine schwierige Aufgabe stellen.

Ich begann mich mit Fragen auseinanderzusetzen, die uns bislang noch nicht beschäftigt hatten. Mich ängstigten Gedanken wie: „Aber es wird uns überhaupt nicht ähnlich sehen; man wird sofort erkennen können, daß es nicht unser Kind ist." Eine Sozialarbeiterin der Vermittlungsstelle versuchte mir Mut zu machen – es sei geradezu unheimlich, wie oft Adoptivkinder im Laufe ihrer Entwicklung den Adoptiveltern immer ähnlicher würden und sogar deren persönliche Eigenarten und Redeweise annähmen. Eine Freundin berichtete mir von einem Erlebnis mit ihren beiden Adoptivkindern in einem Ferienlager. Ihr Mann und ihr Adoptivsohn beteiligten sich an einem Wettbewerb, bei dem Vater und Sohn gesucht wurden, zwischen denen die größte Ähnlichkeit bestand. Zu ihrer Überraschung belegten die beiden den zweiten Platz.

„Könnten wir ein solches Kind wirklich als ‚unseres' betrachten?" fragte ich eine andere Freundin. „Also ehrlich, ich habe bei meinen nie das Gefühl, daß es Adoptivkinder sind", gestand sie mir, „ich muß mir sogar manchmal regelrecht bewußt machen, daß ich sie nicht selbst zur Welt gebracht habe. Die wahren Eltern sind doch die, die ein Kind lieben und großziehen."

„Angenommen, uns wird ein Kind zugewiesen, das völlig unbegabt und unintelligent ist", fragten wir weiter, nur um daraus zu lernen, daß eine höhere Bildung nicht das Wichtigste im Leben ist. Wenn wir einem Kind dabei helfen konnten, ein glücklicher Mensch zu werden, seine Begabungen und Talente, welcher Art auch immer sie sein mochten, zu entfalten, dann konnten wir schon einen wichtigen Beitrag zu seiner Entwicklung leisten. Und als größte aller Gaben konnten wir dieses Kind an unserer engen und lebendigen Beziehung zu Gott teilhaben lassen.

„Und wenn es sich gegen all das auflehnt, was uns lieb und teuer ist? Wenn es vielleicht nicht einmal mehr in den Gottesdienst mitgehen will, wenn es älter wird?“ prüften wir uns. „Was, wenn wir einen totalen Reinfall erleben?“

Wir hatten Horrorgeschichten über Adoptivkinder gehört, die ihre eigenen Wege gingen und ihren Adoptiveltern großen Kummer machten. Aber ähnliche Geschichten waren uns auch von leiblichen Kindern zu Ohren gekommen. Solche Ängste und Befürchtungen gehören nun einmal zum Elternsein.

Auf Gott vertrauen

An dieser Stelle merkten wir, daß wir Gott nicht völlig vertrauten. So wichtig es war, möglichen Problemen realistisch ins Auge zu sehen, so war doch für uns Christen eine andere Frage vorrangig: „Entspricht es dem Willen Gottes für unser Leben, ein Kind zu adoptieren?“ Wenn wir (im Falle einer positiven Entscheidung) jeden Schritt des Adoptionsverfahrens Gott anheimlegten und bereit waren, uns, in welchem Stadium des Verfahrens auch immer, anders führen zu lassen oder den Antrag sogar zurückzuziehen, dann konnten wir darauf vertrauen, daß Gott alles zu unserem Besten dienen lassen würde.

Manchmal flüsterte mir eine innere Stimme ein: „Sei kein Narr. Es kann auch schiefgehen. Gott läßt bisweilen auch zu, daß etwas ganz daneben geht. Vielleicht hat er in dein Leben noch manchen Kummer hineinverordnet.“ Doch bevor ich beim Gedanken an solche Möglichkeiten in Panik geriet, wurde mir bewußt, daß ich durch dies alles eine neue Lektion lernen sollte, und ich bat Gott, mir zu zeigen, was er mir sagen wollte.

Ich erkannte neu, daß ich Gott völlig vertrauen mußte. Ich mußte bereit sein, Gottes Plan zu folgen und nicht meinen eigenen Wünschen und Vorstellungen. Wie gern hätte ich ein hübsches, intelligentes, unproblematisches Kind gehabt, das uns nur Freude machen würde. Aber das mußte nicht unbedingt der Plan Gottes sein. Vielleicht hielt sein Weg noch manche Schwierigkeiten und Sorgen für uns bereit. Wenn am Ende wirklich alles schiefgehen sollte, mußte ich in der Lage sein, mit der Frage leben zu können, die dann garantiert durch meinen Kopf gehen würde: „Haben wir einen schrecklichen Fehler gemacht?“

Wenn wir ein Kind in dem festen Glauben adoptierten, den Willen Gottes zu tun, mußte ich auch bereit sein, das Kind anzunehmen, das er uns zuwies. Gott würde schon dafür sorgen, daß wir das Kind bekamen, das er für uns bestimmt hatte. Er würde uns keinen Garantieschein für eine sorgenfreie Zeit mitliefern, aber bei jedem Problem, das auftauchen würde, würde er uns helfen und die nötige Weisheit schenken.

Antrag abgelehnt – und dann?

Gelegentlich versetzte mich dann ein anderer Aspekt in Angst und Schrecken: Was, wenn unser Antrag bei der Adoptionsvermittlungsstelle abgelehnt wurde? Konnten wir noch eine verschlossene Tür, noch eine Enttäuschung verkraften? Dann erinnerte ich mich an etwas, was Gott mich früher gelehrt hatte. Als ich mich zum erstenmal mit dem Gedanken an eine Sterilitätsbehandlung befaßt hatte, hatte ich aus verschiedenen Gründen Angst gehabt, die notwendigen Schritte einzuleiten. Die Angst lähmte mich fast, und ich war nicht in der Lage, irgend etwas zu unternehmen. Diese Gefahr sah ich auch jetzt wieder – die Angst, abgelehnt oder in anderer Weise enttäuscht zu werden, konnte uns blockieren. Würden wir das später vielleicht bereuen?

Wer sich gegen die Adoption entscheidet, kann verschiedene Gründe haben. Manche finden den ganzen Aufwand bei der Antragstellung, das Eindringen in ihr Privatleben während der Prüfungsphase und die Angst, daß der Antrag doch abgelehnt werden könnte, unerträglich. „Dann soll lieber alles beim alten bleiben", sagen sie. Mir fällt dabei eine ältere Witwe ein, die mir einmal ihre Lebensgeschichte erzählte; sie hatte mit ihrem Mann eine schöne Zeit verbracht. Dann trat auf einmal Trauer in ihr Gesicht, und in ihrer Stimme schwang Bedauern mit, als sie mir gestand: „Wir hatten keine Kinder. Wir hatten zwar an Adoption gedacht, aber irgendwie konnten wir uns nie dazu überwinden."

In anderen Fällen sind Stolz und Starrsinn die Barrieren, die einer Adoption entgegenstehen. Eine Frau erklärte mir einmal verbittert: „Ich hätte gern ein Kind adoptiert, aber Jim wollte nichts davon wissen. Er meinte, wenn wir schon keine eigenen Kinder haben könnten, brauchten wir auch keine fremden."

Ich meine nicht, daß alle gläubigen Paare generell versuchen sollten, ein Kind zu adoptieren. Aber zumindest sollte sich jedes Paar fragen: „Was sollen wir nach dem Willen Gottes aus unserem Leben machen? Gibt es irgendeine besondere Aufgabe, die wir übernehmen könnten, wenn wir kinderlos bleiben? Möchte Gott, daß wir ein Kind adoptieren?"

Unsere Entscheidung

Am Ende beschlossen wir, einen Adoptionsantrag auf ein Kind aus der Altersgruppe unter fünf Jahren zu stellen, da die Wartezeiten für Kleinkinder kürzer sind als die für Säuglinge.

Es dauerte mehrere Wochen, bis wir die Mitteilung erhielten, daß unser Antrag angenommen worden war. Diese Wochen erschienen uns wie Jahre. Als der Bescheid eintraf, daß wir als Adoptiveltern in Frage kämen, waren wir überglücklich. Nun würden wir bald ein Kind haben. Wir mußten nur noch warten, bis das richtige gefunden war.

Als mir einige Wochen später eine Freundin berichtete, sie sei schwanger, hätte ich am liebsten geantwortet: „Ich bin auch in gewisser Weise schwanger. Ich rechne jede Woche damit, daß unser Kind kommt." Obwohl wir nur wenige Außenstehende von unserer Absicht informiert hatten, war ich sehr aufgeregt.

Damals hatten wir noch keine Ahnung davon, wie lange sich meine „Schwangerschaft" hinziehen würde. Man hatte uns gesagt, wir könnten demnächst mit einem Kind rechnen – aber seitdem sind nun schon drei Jahre vergangen, und während ich hier sitze und schreibe, warten wir immer noch.

Jeder weiß aus eigener Erfahrung, was Enttäuschung ist; aber manche kinderlosen Paare bekommen mit der Zeit den Eindruck, daß ihr Leben nur noch aus Enttäuschungen besteht.

Eine neue Enttäuschung

Zuerst ist da die Enttäuschung darüber, nicht so schnell schwanger zu werden wie geplant. Dann die monatliche Enttäuschung, wenn einem die Periode wieder neu in Erinnerung ruft, daß man noch immer nicht schwanger ist. Enttäuschung auf Enttäuschung während der Untersuchungen und der Sterilitätsbehandlung. Hinzu kommt noch die Traurigkeit nach einer Fehlgeburt. Der Lebensrhythmus unfruchtbarer Paare ist ein Wechselspiel zwischen immer wieder neuer Hoffnung und abklingender Enttäuschung.

Wie wahr ist das, was in Sprüche 13,12 steht: „Hoffnung, die sich verzögert, ängstet das Herz..." Der Umgang mit Enttäuschungen war in den vergangenen Jahren eines der Gebiete, auf denen ich am meisten zu lernen hatte und auch wachsen durfte. Da war es ein Gebot der Stunde, den Herrn noch besser kennenzulernen, „der heilt, die zerbrochenen Herzens sind und ihre Wunden verbindet" (Psalm 147,3).

Während meiner Studienzeit ging eine Liebesbeziehung in die Brüche; die Erfahrung war für mich wie ein Alptraum, und ich litt unsäglich. Mein damaliger Seelsorger gab mir Worte mit auf den Weg, die ich nie mehr vergessen werde: „Gott hat das zugelassen, weil er etwas Besseres für dich bereit hat."

Damals dachte ich: „Er hat gut reden. Er hat ja keine Ahnung, wie tief mich das getroffen hat. Darüber komme ich nie mehr weg. Ich kann mir nichts ‚Besseres' vorstellen." Acht Monate später lernte ich Harry kennen, den Mann, den Gott für mich vorgesehen hatte. Heute bedaure ich nicht, daß meine erste große Liebe in die Brüche ging!

Dabei habe ich etwas Wichtiges gelernt. Immer, wenn ich seitdem mit einer Enttäuschung fertig werden mußte, erinnerte ich mich an jene Worte – und jedesmal bewahrheiteten sie sich. Gott läßt keine unnötigen Tränen zu. Er kann über jede Enttäuschung hinweghelfen, jedes gebrochene Herz heilen. Er kann Enttäuschungen dazu benutzen, uns auf seinen guten und vollkommenen Weg für unser Leben zu bringen.

Dabei fällt mir die Bemerkung einer Freundin ein, die mich einmal sehr gekränkt hat. Sie meinte, eine Adoption sei eben nur eine zweitklassige Lösung und nur annehmbar, weil das, was man wirklich will, unerreichbar ist. Sie hatte unrecht. Wie kann ich die Adoption eines Kindes als „zweitklassige Lösung" sehen, wenn es Gottes Wille für mein Leben ist? Wir bekommen höchstens dann „zweite Wahl", wenn wir Gott wissentlich ungehorsam sind.

Adoption nicht möglich

Was kann man tun, wenn eine Adoption (aus welchen Gründen auch immer) nicht möglich ist? Im Frühjahr hatte ich eine Phase, in der mich das lange Warten auf ein Adoptivkind ziemlich frustrierte. Ich beschloß, bei anderen Adoptionsvermittlungsstellen anzufragen. Vielleicht ging es anderswo schneller. Bei der ersten hieß es: „Es tut uns leid, aber sie wohnen nicht in unserem Einzugsbereich." Bei der zweiten: „Die Vermittlungsstelle wurde schon vor einiger Zeit geschlossen." In die dritte Vermittlungsstelle hatte ich die größten Hoffnungen gesetzt; sie war dafür bekannt, daß sie zügig und effektiv arbeitete, wenn ein Antrag erst einmal angenommen war. Ich ging mit großen Erwartungen hin. Auf die Antwort, die ich bekam, war ich allerdings nicht gefaßt: „Sie sind leider schon zu alt!" Das schien mir nun doch etwas übertrieben: Harry ist 37, ich bin 33 Jahre alt.

Adoptionsvermittlungsstellen haben strenge Richtlinien für die Auswahl adoptionswilliger Paare, weil einer großen Zahl potentieller Eltern nur eine kleine Zahl zur Adoption freigegebener Kinder gegenübersteht.

Die Not kinderloser Paare wird durch die derzeitigen Verhältnisse im Adoptionsbereich noch vergrößert. Sterile Paare müssen heute schon gewaltige Anstrengungen unternehmen und alles dransetzen, wenn sie wirklich ein Kind haben wollen; sie wissen nämlich, daß sie niemals eine Familie haben werden, wenn es ihnen nicht gelingt, auf irgendeine Weise (über eine Leihmutter, Samen- oder Eispende) selbst zu einem Kind zu kommen.

Noch vor zehn Jahren war es verhältnismäßig einfach, ein oder zwei Babys zu adoptieren. Heute kann man schon von großem Glück reden, wenn die Adoption eines einzigen Babys gelingt.

Die Gründe für diese Entwicklung liegen auf der Hand. Mit an erster Stelle steht die Erleichterung der Abtreibung. Das Thema „Abtreibung" kann nicht isoliert von der Notlage kinderloser Paare betrachtet werden, die in besonderer Weise von den Folgen betroffen sind. Die moralische und ethische Problematik dieser brisanten Frage wird verständlicherweise immer stärker von denen aufgegriffen, die sich nach einem Kind sehnen, aber keines bekommen können. Während die Argumente der Christen (Grundlage ist das biblische Zeugnis von der Heiligkeit menschlichen Lebens) natürlich eher prinzipieller als pragmatischer Natur sind, sollte man trotzdem eines nicht aus den Augen verlieren: Es gibt viele kinderlose Paare, die nur allzugern bereit wären, einem ungewollten Kind ein Zuhause und Nestwärme zu geben; sie können nur schwer mitansehen, wie das Leben eines Kindes beendet wird, bevor es überhaupt das Licht der Welt erblicken konnte.

Ein weiterer Grund für die ungünstige Entwicklung der Adoptionschancen liegt in der wachsenden Toleranz der Gesellschaft gegenüber Alleinerziehenden und in der verstärkten sozialen Unterstützung, die solche Eltern mittlerweile erhalten.

Pflegekinder

Wenn sich ein junges Mädchen gegen eine Abtreibung entscheidet, kann das eine anerkennenswerte und beachtliche Leistung sein, solange sie das Kind gut versorgt, die Verantwortung übernimmt und ihm Liebe und Geborgenheit vermittelt. Es gibt allerdings auch Mütter im jugendlichen Alter, die ein Baby als Berechtigungsschein für soziale Leistungen, Unterstützungen und eine preiswerte Sozialwohnung sehen oder als eine lebendige Puppe, an der sie ihren Spieltrieb befriedigen. Problematisch wird es, wenn sich das Babygeschrei nicht einfach nach Belieben abstellen läßt. Manche dieser Babys werden am Ende vom Freund der Mutter mißbraucht oder mißhandelt, manchmal auch von der entnervten Mutter selbst. Die Fälle von Kindesmißhandlung, die durch die Medien ans Licht kommen, bilden nur die Spitze des Eisbergs. Wenn das Kind Glück hat, werden der Kinderschutzbund oder das Jugendamt eingreifen und das Kind von seiner Qual befreien. Aber damit ist der Leidensweg solcher Kinder noch nicht zu Ende. Es kommt vor, daß ein Kind von Pflegeeltern zu Pflegeeltern weitergereicht wird und am Ende dann doch in einem Kinderheim landet. Wenn es Glück hat, wird es von einem Paar adoptiert, das es wirklich liebt.

Christen sollten es sich zu einem ganz besonderen Anliegen

machen, einige dieser psychisch gestörten und tief verwundeten Kinder in ihre Familien aufzunehmen, um sie Liebe und Geborgenheit erfahren zu lassen.

Dies ist eine schwierige Aufgabe. Man sollte sorgfältig darüber nachdenken und sich nur dann darauf einlassen, wenn man sich vollauf darüber im klaren ist, daß es Probleme geben wird. Viele dieser Kinder sind verhaltensgestört. Manche sind noch nicht einmal sauber. Andere haben eine Sprache angenommen, die ihre Pflegeeltern schockiert oder beleidigt. Der Prozeß des Sich-Aneinander-Gewöhnens kann für Pflegeeltern und -kind sehr schwierig sein und sich über mehrere Monate hinziehen. Wenn man versucht, das Kind zur Adoption freizubekommen, stehen unter Umständen Auseinandersetzungen vor Gericht bevor. Aber für einige kinderlose Paare könnte dies die Führung Gottes sein. Wenn wir an unseren himmlischen Vater denken, der uns angenommen und zu Gliedern seiner Familie gemacht hat, haben wir ja ein wunderbares Vorbild, an dem wir uns orientieren können. Als Gott uns angenommen hat, waren wir auch nicht liebenswerter als einige dieser kleinen Problemkinder.

Ungestörte Zweisamkeit

Haben Sie keine Schuldgefühle, wenn Sie zu der Entscheidung gelangen, daß Adoption oder die Aufnahme eines Pflegekindes für Sie nicht in Frage kommen. Vielleicht sind Sie der festen Überzeugung, daß es besser wäre, allein zu bleiben, falls Sie keine eigenen Kinder bekommen. Wenn Sie auch ohne Kinder ein erfülltes und befriedigendes Leben führen können, sollten Sie dies als Geschenk Gottes betrachten und annehmen.

Aber was wird aus denjenigen, die fest zur Adoption entschlossen sind, doch wegen ihres Alters, aus medizinischen oder sozialen Gründen als Adoptiveltern abgelehnt werden? Wie steht es mit Paaren wie uns, die warten und warten müssen, in der Hoffnung, daß man ihnen eines Tages ein Kind anvertraut, auch wenn ein Ende des Hoffens und Wartens noch nicht in Sicht ist?

Gott hat nur unser Bestes im Auge

In Situationen wie dieser wird mein Vertrauen zu Gott bis aufs Äußerste auf die Probe gestellt. Glaube ich wirklich, daß er die Verantwortung für mein Leben trägt? Glaube ich daran, daß er einen Plan für mich hat? Glaube ich, daß er für alles den richtigen Zeitpunkt kennt? Oder glaube ich an den Zufall? Glaube ich vielleicht nicht doch, daß ich vom Wohlwollen der Bürokratie abhängig bin?

In dieser Situation rufe ich mir immer in Erinnerung, was ich in der Vergangenheit bereits gelernt habe, wo es auch darum ging, Enttäuschung zu verarbeiten und Gott völlig zu vertrauen, auch wenn um mich herum nur Dunkelheit war. Dennoch bricht bei all dem immer wieder einmal die menschliche Seite durch, und ich frage mich: „Aber wozu das alles?" Ich bin fest davon überzeugt, daß Gott uns zur Erkenntnis seines guten und vollkommenen Willens führt, wenn wir aufrichtig danach fragen und ihm zu gehorchen versuchen. Ich glaube gewiß, daß Gottes Zeitplan exakt stimmt.

Ich mag vielleicht nicht verstehen, was Gott jetzt gerade tut, aber ich bin davon überzeugt, daß wir nach und nach in allen Geschehnissen unseres Lebens seine Hand werden erkennen können. Gott hat mit Ihrem und meinem Leben etwas Bestimmtes vor. Wir müssen immer versuchen, den Willen Gottes zu erkennen. Wenn wir keine Kinder haben, kann Gott unsere Kinderlosigkeit zu etwas ganz Besonderem benutzen. Unser großer Gott wirkt Gutes aus traurigen und tragischen Umständen. Er sorgt für uns, er empfindet unsere Schmerzen und Trauer mit und möchte, daß wir Leben im Überfluß haben.

Wenn Gott Ihnen und mir die Tür der Adoption verschlossen hat, will er uns statt dessen eine andere Tür auftun. Und hinter dieser Tür erwartet uns nichts Zweit- oder Drittklassiges. Dahinter verbirgt sich stets das Beste, das Gott uns zu schenken hat.

Fortsetzung folgt

In mir wächst immer mehr die Überzeugung, daß Jesus für jeden von uns ein reiches und erfülltes Leben bereithält, egal wie auch unsere jeweiligen Lebensumstände aussehen mögen.

Das heißt nicht, daß wir unbedingt immer nur glücklich sein werden; in unserem Leben wird es sicher Zeiten des Kummers und der Schmerzen geben. Aber Jesus Christus kann uns alles schenken, was wir für ein erfülltes und frohes Leben brauchen, das einen Sinn und ein Ziel hat.

Die Freude, die der Christ erfahren darf, ist mehr als ein glückliches und angenehmes Gefühl. Sie findet ihren Ausdruck in einer tiefen inneren Ruhe und Zufriedenheit, durch die er auch inmitten von Sorgen und Leid auf wunderbare Weise froh und getrost sein kann. Eine solche Freude, die auf der Gewißheit gründet, daß Gott den Gläubigen durch jede Anfechtung hindurchträgt, macht uns getrost. Wir können sicher sein, daß auch unser Leid einen tieferen Sinn hat und Gott am Ende daraus etwas Gutes wirken wird.

Das Geheimnis der Zufriedenheit

Ist diese innere Zufriedenheit eine Erfahrung, die jeder Christ automatisch macht? Können wir abends vor dem Schlafengehen darum bitten und damit rechnen, am nächsten Morgen damit aufzuwachen?

Der Apostel Paulus berichtet uns, wie er dieses Geheimnis entdeckte: „... denn ich habe gelernt, mich mit dem zu begnügen, was ich vorfinde“ (Philipper 4,11). Wie kam er zu dieser

Haltung? Sie wurde ihm in dem Maß zuteil, in dem er lernte, in allen Lebenslagen ganz aus der Kraft Christi zu leben. Er fährt fort: „Ich kann arm sein, ich kann reich sein: mir ist alles und jedes vertraut, satt sein und hungern, Überfluß haben und Mangel leiden..." (Philipper 4,12).

Wie kann das zugehen? Uns scheint es doch fast unmöglich. Das Geheimnis des Paulus heißt Jesus: „Ich vermag alles durch den, der mich stark macht" (Philipper 4,13). Seine Zufriedenheit wurzelte in Christus selbst, nicht in seinen eigenen Lebensumständen.

Auch wir können diese ganz auf Gott ausgerichtete Zufriedenheit erfahren und als Christen und Persönlichkeiten in diesem Prozeß wachsen und reifen.

Es ist hart, Unfruchtbarkeit akzeptieren zu müssen. Eine so tiefgreifende Enttäuschung und das Ausmaß der damit verbundenen Schmerzen und Not kann nur der wirklich verstehen, der diese Form des Leids selbst erlebt hat.

Aber auch andere haben ähnlich schmerzliche und leidvolle Erfahrungen gemacht. Mir fällt dabei Joni Eareckson ein, die mit siebzehn durch einen Badeunfall vom Hals ab querschnittsgelähmt wurde. In ihrem ersten Buch „Joni" läßt sie uns an dem Lernprozeß teilhaben, der nötig war, um mit dem Unfall und der Behinderung zurechtzukommen. In ihrem zweiten Buch „Der nächste Schritt" beschreibt sie einige der Lektionen, die Gott ihr durch die tragischen Ereignisse beibringen wollte.

„Rückblickend kann ich heute aus voller Überzeugung sagen, daß hinter der ganzen Not meiner Lähmung Gottes Liebe steht. Ich bin kein Versuchskaninchen und auch kein Objekt, das den Launen eines grausamen Schicksals ausgeliefert ist. Gott hatte seine Gründe dafür, daß er mir diese Belastung schickte. Diese Erkenntnis änderte mit einem Schlag meine ganze Situation."

Wenn wir einige der Gründe für unser persönliches Leid verstehen lernen, kann uns dies sehr dabei helfen, zufrieden zu werden und unser Vertrauen auf Gott zu setzen. Mir hat es die wichtige Erkenntnis gebracht, daß ich nicht der Spielball eines grausamen, gefühllosen Gottes bin, dem nichts an seinen Geschöpfen liegt, sondern daß alles in meinem Leben aus der unermeßlichen Liebe Gottes zu mir heraus geschieht.

Von anderen lernen

Manchmal mußte ich mich tüchtig am Riemen reißen und mich daran erinnern, daß Kinderlosigkeit kein Weltuntergang ist. Ich mußte mir bewußt vor Augen halten, daß mein Leben, trotz dieser großen, ungestillten Sehnsucht, im Vergleich zu unzähligen anderen recht angenehm verlief.

Kürzlich las ich wieder einmal ein Buch, das mich am Anfang meines Glaubenslebens ziemlich beeindruckt hatte. Es handelte von den „Scottish Covenanters", den schottischen Presbyterianern. Sie nahmen willig Kälte, Hunger, Einsamkeit, Schmerzen und Folter auf sich, und viele von ihnen wurden für die Sache des Herrn und zum Ruhme Gottes hingerichtet. Ich schämte mich für die Zeiten, in denen ich mich in Selbstmitleid über meiner Kinderlosigkeit eingelullt hatte. Das Beispiel, das sie gegeben hatten, machte mir wieder die vielen Segnungen bewußt, die ich in meinem Leben erfahren habe.

Unser ganzes Leben lang werden wir vor die Wahl gestellt. Gott hat uns nicht als Roboter erschaffen, die nur nach seiner Programmierung funktionieren. Er möchte mit uns in eine enge und tiefe Beziehung treten, die von der Liebe geprägt ist. Deshalb hat er uns die Freiheit geschenkt, uns für sein Angebot zu entscheiden oder es abzulehnen.

Auch im Umgang mit unserer Selbstbezogenheit müssen Entscheidungen fallen. Wir können natürlich überempfindlich und leicht verletzbar werden und alles auf uns beziehen. Wir können so sehr auf die eigene Person fixiert sein, daß unser Blick getrübt wird und wir blind für das Gute werden, mit dem Gott uns reichlich gesegnet hat. Wir merken dann auch nicht mehr, daß andere Leute ebenfalls ihr Päckchen zu tragen haben. Aber wir haben die Wahl. Es muß nicht so sein – und wir müssen auch nicht immer in diesem Zustand der Selbstbezogenheit bleiben. Wir können die Hilfe Gottes in Anspruch nehmen, um die Fesseln des Selbstmitleids abzuschütteln.

Allerdings muß von unserer Seite auch die Bereitschaft vorhanden sein, seine Hilfe anzunehmen. Manchmal bitten wir Gott, uns von bestimmten Sünden zu befreien. Aber wenn er unsere Bitte erhört und gewissermaßen das Operationsmesser ansetzt, schrecken wir vor den Schmerzen zurück, die dieser Eingriff mit sich bringt.

Vom Sinn des Schmerzes

Wenn wir Gott erlauben, gegen konkrete Sünden in unserem Leben vorzugehen, wählt er unter Umständen einen Weg, der für uns mit schmerzlichen Erfahrungen verbunden ist. Aber am Ende werden wir erkennen, daß sich der Schmerz gelohnt hat.

Das wird uns schon im Neuen Testament verheißen: „Denn unser gegenwärtiges Leiden, das leicht wiegt, schafft uns eine ewige und über alle Maßen gewichtige Herrlichkeit..." (2.Korinther 4,17).

Haben Sie Ihre Kinderlosigkeit schon einmal als Chance zu betrachten versucht und nicht nur als schwere Bürde? Wenn wir lernen, mit ihr umzugehen, kann sie uns Gelegenheit geben, mit unserem Leben Zeugnis von der Macht und Herrlichkeit Gottes abzulegen. Gott kann sie auch dazu benutzen, um uns zu verändern und Jesus ähnlicher zu machen.

Als ich meine Kinderlosigkeit zum ersten Mal aus diesem Blickwinkel betrachten konnte, fiel ich auf meine Knie, um Gott zu danken. Mein Problem, das immer wie eine schwarze Wolke über mir gehangen hatte, wurde zu einer Tür, die mir neue Möglichkeiten eröffnete. Was wollte Gott mit meinem Leben tun? Ich war gespannt darauf, was er wohl noch für mich bereithielt.

Als ich dann überlegte, welche Vorteile ich als Frau ohne Kinder haben könnte, entdeckte ich zu meinem Erstaunen eine ganze Menge. Ich fing an, meine Situation nun auch einmal von der positiven Seite zu betrachten. Anstatt meine Kinderlosigkeit als etwas zu akzeptieren, das aus der Hand eines liebenden Vaters kam, hatte ich bislang viel Zeit und Kraft damit vergeudet, zu beklagen, daß Gott mir keine Kinder gab. Nun erkannte ich allmählich, daß mein Leben eine andere Richtung nehmen sollte, eine Richtung, die auch ohne Kinder wunderbar sein würde – allein aus der Gewißheit heraus, daß sie dem Willen Gottes für mein Leben entsprach.

In der Stille wurde mir deutlich, daß meine Beziehung zu

Harry durch die viele Zeit, die wir miteinander hatten verbringen und uneingeschränkt füreinander dasein können, enger und reicher geworden war. In all den Jahren hatten wir einander viel besser kennen- und verstehengelernt, als dies mit einem Kind möglich gewesen wäre. Wir hatten manches gemeinsam unternommen, viel miteinander gelernt und einander in schweren Zeiten zur Seite gestanden.

Wie viele junge Mütter mit kleinen Kindern sitzen zu Hause, während der Vater alles mögliche unternimmt. Einige sind verbittert darüber, so ans Haus gebunden zu sein. Manche ließen es mich schon unverhohlen spüren, wie sehr sie mich um meine Freiheit beneiden, und manchmal hatte ich sogar Schuldgefühle, wenn ich meine Möglichkeiten ausnutzte.

Ja, Kinderlosigkeit hat durchaus auch Vorzüge – wir müssen sie nur sehen wollen. Vielleicht sollte man nicht von „kinderlos" sprechen; „kinder-frei" wäre eine passendere Bezeichnung.

Den größten Nutzen aus meiner Kinderlosigkeit konnte ich in anderer Hinsicht ziehen: ich habe dabei vieles über mich gelernt, was ich sonst nicht erfahren hätte. Die Kinderlosigkeit selbst und der Umgang damit haben mir geholfen, als Frau und Christ zu wachsen.

Dabei habe ich auch mehr von der gewaltigen Höhe und Tiefe der Liebe Gottes zu mir persönlich erfassen dürfen; ich glaube nicht, daß dies unter anderen Umständen möglich gewesen wäre. Ich habe begriffen, daß Gott mehr an mir als Individuum liegt als an irgend etwas, das ich für ihn tue. Ihm kommt es mehr darauf an, mich umzugestalten, damit ich Jesus ähnlicher werde und als Christ zur vollen Reife gelange, als mich mit Gaben zu überhäufen, für die ich ihn dann lieben würde.

Wenn wir Kinder „bestechen", wenn wir versuchen, uns ihre Liebe durch Geschenke zu erkaufen, führt dies nicht zum gewünschten Ergebnis. Sie erwarten immer mehr und gewinnen die Gabe lieb, nicht den Geber!

So ist es auch mit Gott. Er kann uns durchaus geben, was unser Herz begehrt, doch wir würden ihn deshalb nicht mehr lieben. Wir würden die Gabe lieben, nicht den Geber. Wenn uns Gott beschenkt und segnet, dann will er uns damit nicht auffordern, ihn mehr zu lieben, sondern er will uns zeigen, daß er uns liebt. Oft erweist sich seine Liebe aber auch gerade darin, daß er uns nicht gibt, worum wir ihn gebeten haben. Im Leiden haben wir eine besondere Gelegenheit, unsere Treue zu Gott unter Beweis zu stellen, selbst in Zeiten größter Schwierigkeiten. Wenn unsere Liebe nur davon abhängt, wieviel wir von Gott bekommen, ist sie nicht echt, sondern von Eigennutz bestimmt.

Wenn uns Gott in Zucht nimmt, tut er dies als ein liebender Vater. Er möchte das Beste aus uns herausholen. Er möchte uns heiligen. Gott bereitet uns für eine Ewigkeit an seiner Seite zu, nicht für ein Leben des Dienstes hier auf dieser Erde (auch wenn er uns dieses Vorrecht gewährt).

Wenn ein Künstler ein Bild malt, arbeitet er lange daran – er nimmt hier und da eine Änderung vor, fügt ein, übermalt, bis etwas Schönes daraus geworden ist. Erst dann signiert er das Gemälde und gibt es zur Ausstellung frei. Der Himmel ist die Galerie, in der Gott seine Heiligen ausstellt.

Als Joni Eareckson jenen schrecklichen Unfall hatte, dachten viele Leute: „Was für eine Tragödie – ein so junges Leben völlig verpfuscht! Was soll jetzt aus ihr werden?" Joni hatte zwei Möglichkeiten. Sie konnte aufgeben, sich von ihrem Unglück überwältigen lassen und ein Leben in Groll und Bitterkeit führen. Dann wäre ihr Leben wirklich verpfuscht gewesen, und zwar nicht durch den tragischen Unfall sondern durch ihre Einstellung dazu. Die Alternative lautete: Sie konnte Gott bitten, ihr dabei zu helfen, mit ihrer Lage fertig zu werden. Diesen Weg hat sie gewählt.

Die Einstellung zu ihrem Leiden charakterisiert sie mit folgenden Worten:

„Wenn also Gott Ihnen als Christ kleine oder große Leiden schickt, will er sie dadurch zwingen, in bestimmten Punkten eine Wahl zu treffen, in denen sie bisher einer Entscheidung ausgewichen sind. Er legt Ihnen einige Fragen vor, die Sie sich stellen sollten: Will ich weiterhin versuchen, in zwei Welten zu leben, gleichzeitig Jesus Christus und meinen eigenen, sündigen Wünschen zu gehorchen? Will ich mich noch weiter sorgen? Will ich in Prüfungen dankbar sein? Will ich meine Sünden aufgeben? Kurz, will ich sein wie Christus?" (aus: Steve Estes / Joni Eareckson, Joni – Der nächste Schritt)

Die Einstellung zu unserem Leiden ist von entscheidender Bedeutung für unser Wachstum als Christen. Wie unsere Antwort ausfällt, liegt an uns.

Eine ernste Angelegenheit

Ein Leben unter der Herrschaft Jesu ist kein Spiel, das man nach Belieben anfangen und wieder abbrechen kann. Wir müssen uns dabei dem Willen seiner Liebe unterwerfen; das ist eine unerläßliche Pflicht, der wir mit allem Ernst nachkommen müssen. Viele Christen fragen sich, weshalb sie nicht die Kraft und Freude Christi erfahren. Oft liegt es daran, daß sie in Wirklichkeit nur ein christliches Spiel spielen. Ihre Bitten, Christus möge die Herrschaft über ihr Leben übernehmen, sind nur halbherzig und nicht einem ernsthaften Wunsch entsprungen. Wahrscheinlich sah es bei mir ähnlich aus, bevor ich lernte, mit der Kinderlosigkeit umzugehen. Erst durch dieses Problem wurde mir bewußt, was es bedeutet, sich Christus mit allem auszuliefern und alles an ihn abzugeben. Alles bedeutet tatsächlich „alles"! Entweder ist er Herr über alles oder, im Grunde genommen, Herr über nichts.

Nach der Lektüre eines der „Joni"-Bücher mußte ich denken: „Ohne diesen Unfall hätte sie wahrscheinlich ein ganz gewöhnliches Leben geführt, und auch ihr Christsein wäre vielleicht recht lau gewesen. Aber durch Gott und ihre Einstellung zu dem schrecklichen Unfall konnte sie sich zu einem reifen Christen entwickeln. Gott hat sie die Fülle ihrer Möglichkeiten erreichen lassen. Durch ihre Zeichnungen und Gedichte, ihr Singen, Schreiben und ihre Auftritte wurden Tausende, vielleicht sogar Millionen von Menschen gesegnet, ermutigt und herausgefordert."

Ich stieß dann auf ein paar Verse von John Newton, die mir auch eine große Hilfe wurden. Newton, ein ehemaliger Sklavenhändler, durfte nach seiner Bekehrung einen segensreichen Dienst als Pfarrer tun. Er wußte aus eigener Erfahrung, was Leiden ist – Kinderlosigkeit eingeschlossen. Auch er hatte Gott gebeten, verändernd in sein Leben einzugreifen, ihn seiner Sünden zu überführen und ihn im Glauben und der Erkenntnis wachsen zu lassen. Aber statt dessen war es ihm, als ob Gott ihn monatelang dem Satan auslieferte. Er wurde über die Maßen versucht und geprüft, bis er schließlich begriff, daß Gott gerade auf diese Weise auf sein Gebet antwortete. Gott hatte es zugelassen, daß er diese Tiefen durchschritt, damit er es lernte, voll und ganz auf Gott zu vertrauen.

Ich begriff, daß viele meiner Probleme und Schwierigkeiten gerade Gottes Antwort auf mein Gebet waren, mich Christus ähnlicher zu machen.

Eine Welt voller Not

Je lieber wir einen Menschen gewinnen, desto mehr wollen wir ihm gefallen. Je tiefer unsere Liebe zu Gott wird, desto stärker wird unser Wunsch, ihm zu dienen. Wie können Menschen, die ein gerüttelt Maß an Schmerz, Leid und Enttäuschung in ihrem Leben zugeteilt bekommen haben, Gott am besten dienen?

In dem Maße, in dem unser Leiden zunimmt, bekommen wir einen Blick für das Leiden anderer. Nur wer selbst durch innere Nöte gegangen ist, kann denen helfen, die darin gefangen sind.

Wir müssen nicht weit gehen, um Menschen zu finden, denen das Leben manche Wunden geschlagen hat. In unseren Kirchen und unserer näheren Umgebung finden wir sie. Viele halten verzweifelt Ausschau nach jemandem, der die Hand ausstreckt und ihnen mit Liebe und Verständnis zur Seite steht. Wir, die wir selbst Kummer und Schmerz erlebt haben, können solche Menschen vielleicht teilhaben lassen an der Art und Weise, wie Gott uns geholfen hat. Der Apostel Paulus verweist auf Gott, „den Gott allen Trostes, der uns tröstet in aller unserer Bedrängnis, damit auch wir die trösten können, die in irgendeiner Bedrängnis sind, mit dem Trost, mit dem wir selbst von Gott getröstet werden“ (2.Korinther 1,4).

Ein kinderloses Paar aus unserem Bekanntenkreis zum Beispiel hat eine erfüllende Aufgabe in der Betreuung zweier einsamer und heimwehkranker Studenten gefunden. Sie kümmern sich um die beiden, laden sie zum Essen oder zum Beisammensein ein, nehmen sich Zeit für sie und widmen sich ihnen in einer Weise, die unvorstellbar wäre, wenn sie noch eine Familie zu versorgen hätten.

Andere Paare, die sich in der kirchlichen Arbeit engagieren, sind für den Pfarrer eine große Hilfe und Stützen ihrer Gemeinde.

Wie steht es um die Unverheirateten? Kinderlose Paare haben mit ihnen einiges gemein. Auch sie haben mit unerfüllten Wünschen zu kämpfen. Die Kirchen erwarten oft sehr viel von Alleinstehenden, haben ihnen aber nur wenig zu geben. Kinderlose Paare könnten durch Freundschaften mit diesen alleinstehenden Menschen einen wichtigen Beitrag leisten, um dieses Ungleichgewicht zu beseitigen.

Wir brauchen Kirchen, die sich sowohl um die kümmern, die zur Gemeinde gehören, als auch um jene, die draußen stehen. Wir brauchen offene Häuser, in denen Menschen in Not christliche Nächstenliebe erfahren können. Leider hat man oft den Eindruck, daß die Kirchen so auf die Bedürfnisse der Familie ausgerichtet sind, daß nur wenig Raum für Alleinstehende, Kinderlose, Geschiedene oder Verwitwete bleibt (gerade jene also, die der Gemeinde von Gott besonders ans Herz gelegt werden).

Eine bereichernde Erfahrung

In gewissen christlichen Kreisen gilt es als Zeichen von Schwäche, wenn man zugibt, daß man einsam oder depressiv ist, oder eingesteht, daß man mit seinem Leben nicht zurechtkommt. Dies wird dann mit geistlicher Unreife gleichgesetzt. Aber Jesus oder die neutestamentlichen Briefeschreiber teilen diese intolerante Haltung keineswegs. Gerade durch Schwachheit lernen wir, ganz in der Abhängigkeit von Gott und allein aus seiner Kraft zu leben. Vom Anbeginn der Zeit hat Gott das Leid dazu benutzt, um seine Diener zu formen und für sein Reich und seinen Dienst tauglich zu machen. Seine Liebe ist so groß, daß es ihm nicht gleichgültig ist, wie wir sind.

Dabei sollte uns nicht so sehr kümmern, wie oft oder wie intensiv Gott uns prüft, sondern wie wir darauf reagieren. Paulus schreibt: „Wir sind von allen Seiten bedrängt, aber wir ängstigen uns nicht. Wir sind ratlos, aber wir verzagen nicht. Wir leiden Verfolgung, aber wir werden nicht verlassen. Wir werden unterdrückt, aber wir kommen nicht um“ (2.Korinther 4, 8-9).

Wenn ich zurückschaue auf die Zeiten besonderer Traurigkeit, dann empfinde ich kein Bedauern. Ich kann heute bekennen, daß meine Kinderlosigkeit mit zu den reichsten Erfahrungen gehört, die ich bisher gemacht habe.

Ich mußte dabei oft meinen Standort als Christ überprüfen. Wenn die Seele schreit, kann man sich nicht im Ohrensessel zurücklehnen oder ein lauer und teilnahmsloser Nachfolger Jesu bleiben. In solchen Situationen wird Gott entweder zu einer lebendigen Realität, oder man wirft seinen Glauben über Bord.

Ich bin froh, daß ich Gott in seiner Realität erfahren durfte.

Lawrence J. Crabb

…in guten wie in bösen Tagen

Strategien für eine erfüllte Ehe
Ein Leitfaden für Ehepaare und Seelsorger
168 Seiten, ABCteam-Paperback Nr. 433

Eine glückliche, harmonische Ehe. Wer wünscht sich das nicht? Die meisten Eheleute erwarten allerdings vom Partner, daß er ihre Bedürfnisse erfüllt, beziehungsweise sie versuchen, ihn dahingehend zu manipulieren, daß er dies tut. Doch dadurch erreichen sie nie jene Einheit, die Gott für die Ehe vorgesehen hat.

Dr. Crabb, ein erfahrener Eheberater, beschreibt die verschiedenen Gesichtspunkte dieser Einheit. Er geht sowohl auf die biblischen als auch auf die psychologischen Aspekte einer Beziehung ein und weist nach, daß Einheit nur dort erreicht werden kann, wo beide Partner bereit sind, dem anderen zu dienen und die Befriedigung der eigenen Bedürfnisse in erster Linie von Gott zu erwarten.

Wer in dieser Haltung an seine Ehe herangeht, macht sich frei von all den unterschwelligen Methoden der gegenseitigen Manipulation. Er wird frei vom Wunschdenken und lernt, sich an verwirklichbaren Zielen zu orientieren.

Brunnen-Verlag · Basel und Gießen

Anfechtung und Trost

D. Martyn Lloyd-Jones

Ich aber wäre fast gestrauchelt

Psalm 73: Anfechtung und Trost
154 Seiten, ABCteam-Paperback Nr. 363

Warum sind ausgerechnet die Menschen, die wenig Skrupel kennen, im Leben oft am „erfolgreichsten" – während der Fromme daneben manchmal kaum noch ein und aus weiß? Diese Frage bedrängt den Psalmisten. Er wähnt sich zu kurz gekommen, möchte am liebsten aufbegehren – „bis ich ging in das Heiligtum Gottes". Dort erfährt er: „Gott ist dennoch mein Trost! Ich aber wäre fast gestrauchelt..."

Schritt für Schritt begleitet Dr. D. Martyn Lloyd-Jones den Psalmdichter durch seine Dunkelheit und vermittelt so tiefe seelsorgerliche Einsichten zum Thema „Anfechtung".

Wer dieses Buch zur Hand nimmt, wird verstehen, warum Dr. D. Martyn Lloyd-Jones (1899–1981) fast dreißig Jahre lang in der berühmten Londoner Westminster Chapel vor vollen Reihen sprach; warum Menschen von überallher kamen, um ihn zu hören; warum seine Bücher weltweit Millionenauflagen erreichten. Jetzt ist man auch im deutschen Sprachraum dabei, ihn zu entdecken.